AF579896

CATALOGUE

DU

Musée de la Ville de Béziers

MUSÉE
DE LA
VILLE DE BÉZIERS

EXPLICATION
DES
ŒUVRES D'ART QUI Y SONT EXPOSÉES

PAR

CHARLES LABOR, DIRECTEUR

Cinquième Edition

PRIX : UN FRANC

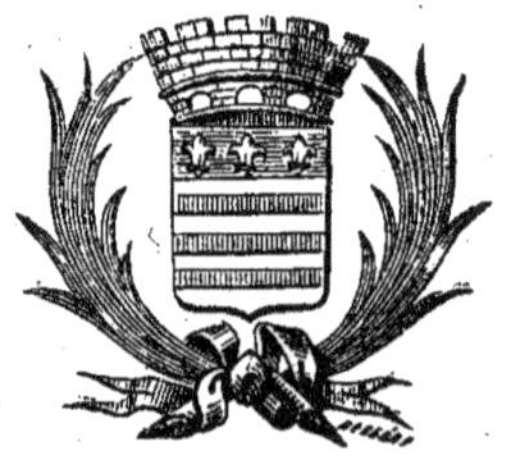

BEZIERS
IMPRIMERIE COOPÉRATIVE, X. PAGÈS & CIE
11, RUE MONTMORENCY, 11

MDCCCLXXXIX

Yb4. 2388
8°

D 2000■01517

Le Musée de Béziors est une création récente dont la première pensée revient à la SOCIETE ARCHEOLOGIQUE de cette ville. On sait que, dès l'année 1834, époque de sa fondation, cette Société consacra ses soins, son zèle et ses modestes ressources à réunir les éléments principaux d'un Musée. Médailles, vases antiques, monuments lapidaires, furent l'objet constant de ses recherches. Quand ses collections lui parurent dignes de quelque intérêt, elle s'empressa de les offrir à la Ville.

Ce fut le 1er juin 1859 que ce don fut transmis aux représentants de la cité par M. Carou, président de la Société. Voici le début du discours qu'il prononça dans cette solemnité, qui avait attiré à l'Hôtel-de-Ville l'élite de la population :

« MESSIEURS,

« Il y a vingt ans, le Président de la Société Archéolo-
« gique debout au pied de la statue de Riquet, livrait
« solennellement à ses concitoyens ce monument de la
« reconnaissance publique.

« Nous accomplissons aujourd'hui une seconde pro-
« mese. Le Musée de Béziers est fondé

« En nous séparant des modestes richesses laborieu-
« sement recueillies pour sa fondation, nous sommes
« dédommagés par cette pensée que nous dotons notre
« cité d'un Etablissement à la fois honorable et utile.

« Les travaux de l'histoire, les progrès de la science et
« de l'industrie, ne répondent pas à tous les besoins de
« l'homme et la nature a réservé dans son âme une place
« à des désirs et à des instincts qu'ils ne sauraient satis-
« faire.....

« Les Musées ont donc une mission particulière à
« remplir dans l'œuvre générale de la civilisation.

« Cette mission est d'éveiller le goût des beaux-arts,
« d'adoucir les mœurs par les jouissances pures et nobles
« qu'ils procurent, de susciter et de développer les voca-
« tions artistiques, et de fixer autant que possible en
« France les belles peintures qu'elle possède ou que ses
« artistes produisent.

« Le goût des arts ne peut naître et se développer que
« par le spectacle de leurs chefs-d'œuvre. Pourquoi l'art
« antique s'éleva-t-il à la perfection que nous révèlent
« ses débris, et que nous n'avons encore pu atteindre ?
« C'est que toutes les villes étaient alors peuplées de ses
« merveilles,...»

M. Fabregat, maire, remercia, au nom de la ville, la Société Archéologique du don précieux qu'elle venait de lui faire, et après avoir énuméré les illustrations du pays, il déplora que dans cette glorieuse liste il ne brillât ni un peintre, ni un sculpteur de talent.

Cette lacune est bien comblée aujourd'hui ; Bédarieux a vu naître P.-A, Cot, auteur de tant d'œuvres charmantes qui ont rendu rapidement son nom populaire et qui promettaient à l'Ecole française une illustration de plus, si la mort n'était venue le frapper en pleine floraison de vie et de progrès.

Au concours de sculpture ouvert à l'école des Beaux-Arts en 1875, M. Injalbert a obtenu le grand prix à l'unanimité des voix, après avoir épuisé toutes les récompenses, il a été décoré de la légion d'honneur en 1887, et révéle un tempérament exceptionnel qui semble le destiner à occuper dans le rang des maîtres français la place laissée vide par Carpeaux.

Dans ses créations déjà nombreuses on retrouve l'heureuse influence du maître ; la pureté de la ligne en même temps que la grâce; c'est-à-dire l'élégance. Il ne suffit pas à Injalbert que les bronzes ou les marbres qui sortent de ses mains, soient irréprochables et corrects , Il veut qu'ils respirent et vivent; et telle est en effet l'impression produite par les œuvres variées dont notre artiste a doté le Musée de la ville natale.

M. J. Sylvestre a débuté au salon par sa belle composition du Sénèque qui lui valut la médaille de 2me classe et y produisit l'année suivante une Locuste que le jury a récompensée, d'une médaille de 1re classe et du prix du Salon.

Après ces deux noms peut-être serait-il juste de mentionner ici un groupe de travailleurs moins connus poursuivant un but plus modeste, qui abordent avec quelque succès les genres secondaires : portrait, marine et paysage, ils ont l'incontestable mérite de prêcher d'exemple et d'acclimater dans notre population l'étude des Beaux-Arts, à laquelle, sans eux, et peut-être aussi sans la création du Musée, elle serait restée beaucoup trop étrangère.

Des dons importants nous ont été faits, en 1878, par divers membres fondateurs ; nous devons mentionner avec une reconnaissance particulière, ceux que nous avons obtenus de M. G.-R. Sabatier, ancien ministre plénipotenciaire, cet éminent et regretté compatriote que la mort nous a enlevé d'une manière si foudroyante, et de M. A. Chaber, de Montpellier. Ces dons gracieux s'ajoutant aux envois périodiques de l'Etat et aux acquisitions votées par le Conseil municipal, nous avons eu la satisfaction de voir s'accroître, avec une rapidité presque inespérée, l'intérêt d'une collection qui prend dès à présent, un rang honorable parmi celles que possède le Midi.

En effet, anprès des noms d'une illustration séculaire tels que ceux des Dominiquin, Guerchin, Guido-Reni, Titien, Van Dick, viennent s'y grouper ceux de la plupart des maîtres les plus connus et les plus aimés de l'école française moderne. Cabanel, Cot, Decamps, A. Roll, Paul Laurens, Les deux Glaize, Corot, Diaz, Daubigny, etc. etc.

L'accroissement est rapide ; un catalogue, qui compte à peine cinq années de date laisse déja de grandes lacunes et nous aurions été mis dans l'obligation d'en publier un nouveau alors même que l'édition n'en aurait pas été épuisée. A ces motifs est venu s'en joindre un autre plus décisif : Mme Cot a tenu fidèlement la promesse qu'elle avait bien voulu faire de laisser un témoignage du talent de son époux au pays qui l'avait vu naître, elle a consenti à se séparer d'une œuvre qui lui était chère. Elle a envoyé au Musée, l'esquisse de *Sainte Elisabeth de Hongrie*, le dernier des tableaux projetés par l'illustre maître. La toile inachevée est là sous les yeux du public témoignant de l'importance, de la majesté de l'œuvre entreprise, mais par indications hatives; elle est restée telle qu'elle se trouvait au moment où la mort est venue briser brutalement les pinceaux de l'artiste.

A ce don est venu récemment s'en ajouter un autre tout aussi précieux : «L'Oreste» d'Alexandre Cabanel, a été offert à la ville par la famille du célèbre peintre.

Ces richesses nouvelles ajoutent trop d'intérêt à la collection, elles nous sont chères à trop de titres pour que nous hésitions à en parer notre catalogue ne serait-ce que pour consigner les sentiments de reconnaissance de la Cité.

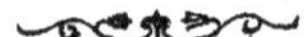

Au moment de réditer le présent calalogue, nous nous sommes demandé, s'il n'était pas devenu opportun d'abandonner le système adopté dans les précédentes éditions ; c'est-à-dire, l'enregistrement par ordre chronologique, des acquisitions ou des dons faits à la Ville, et d'y substituer simplement la méthode alphabétique, assez généralement adoptée et même consacrée par l'usage.

Ce dernier système a l'avantage de faciliter les recherches des visiteurs ; mais n'est-il pas possible d'obtenir le même résultat, en établissant, comme nous l'avions fait, aux dernières pages de ce fascicule une table détaillée et par ordre alphabétique ? Nous avons donc cru devoir persister à lui préférer l'autre ; il offre un détail particulier qu'il serait fâcheux de dédaigner; il indique et précise les points de départ de la collection ; les efforts, les difficultés même qu'on a eus à surmonter, avant d'atteindre aux résultats encourageants, que nous constatons aujourd'hui. Les monographes futurs nous serons certainement reconnaissants de leur avoir conservé ce renseignement précieux.

Le système alphabétique, est certes excellent, et nous n'hésitons pas à le reconnaître ; les musées nationaux, les collections faites n'en sauraient employer d'autre, mais celles plus modestes, et qui sont encore en formation comme la nôtre, peuvent s'en affranchir parce qu'il nécessiterait des remaniements trop fréquents, dans le numérotage. Nous croyons d'ailleurs qu'il s'imposera d'une manière absolue, un peu plus tard, quand le musée ira prendre possession de l'Hôtel, qui lui a été généreusement légué par M. Auguste Fabrégat, ancien maire de Béziers.

DONATEURS & FONDATEURS

LISTE COMPLÈTE

Le nom de tous ceux qui ont bien voulu prendre part active à la fondation du musée et contribué, dans une mesure quelconque, à son accroissement, est inscrit sur un tableau d'honneur placé à l'entrée de la principale salle ; il est mentionné dans le catalogue, à la suite de chaque objet d'art, offert par eux, et cependant, la reconnaissance nous fait un devoir de le reproduire, une troisième fois, en titre de cet inventaire de nos richesses artistiques.

PEINTURES, DESSINS, GRAVURES

Etat détaillé des Œuvres d'art reçues par le Musée, depuis sa fondation :

L'ETAT,

Trente-un tableaux, dont dix-huit provenant des réserves du Louvre.

LA SOCIETE DES AMIS DES ARTS,

Deux tableaux. Il est fâcheux que cette Société fondée à Béziers en 1863 n'est eu que deux ans d'existence.

LA SOCIETE LES AMIS DES ARTS DE L'HERAULT,

Quatre tableaux. C'est la part concédée à la section de Béziers pendant une période de quatre ans. Il est regrettable que cette association à l'œuvre artistique, départementale n'est pas été continuée.

LE PENSIONNAT DES FRERES DE LA DOCTRITE CHRETIENNE,

Un tableau, une aquarelle du frère Samuel.

DE DIVERS ET PAR ORDRE DE RÉCEPTION

LAPRET . . . . deux tableaux
de VILLENEUVE, marquise . . . . un tableau
CAZALS . . . . id.
HUC. . . . . id.
CASEY, Daniel. . . . un tableau, placé au foyer du Théâtre
BERNARD de NATTES . . . . quatre dessus de porte
LABOR, Charles cinq tableaux, cinq dessins fusain, et aquarelles
MIQUEL, Francois . . . . un tableau
de VALORY . . . . id.
ROUDÉS . . . . copie d'après Mignard
PAUL, mademoiselle . . . . . . une marine de son frère
MOULINS . . . . un tableau
PERROT, Adolphe . . . . deux tableaux
SYLVESTRE, Joseph . . . . copie d'après Couture
HERISSON frères . . . . un tableau, un dessin, une aquarelle
FAYET. Leon . . . . deux tableaux: un fusain
FAYET, Gabriel . . . . un tableau, un dessin
BISCAYE, Cparles . . . . . . un tableau deux dessins
de PORTALCN, Louis. . . . . . un dessin à la plume
NOGIER, Louis . . . . un dessin
SERDA madame . . . . un dessin d'Emile Serda
REBOUL COSTE . . . . deux dessins
PONSON, Raphael . . . . un tableau
PONSON Aimé . . . . id.

ALHEIM, Jean . . . . un tableau
BERNIER Camille. . . . . id.
REGNIER Antonin . . . . un tableau, un dessin
COQUAND, Paul . . . . un tableau
GUINDON, Marius . . . . id.
ALMÈS, Paulin . . . . id.
CLEMENT, Achille . . . . id.
VIMAR . . . . id.
CHABER . . . . neuf tableaux
SABATIER, Raymond . . . . trois tableaux
PALIZZI, Joseph . . . . un dessin
CHAUVIER de LEON . . . . un tableau
MATHON . . . . id.
GILBERT, aîné. . . . . un dessin Sepia
PAUL, Louis . . . . Copie d'après Ribot
PELLET, Joseph . . . . sept tableaux
MOULINIER Alphonse . . . . trois dessins
REVOIL, Henry. . . . . . deux dessins, une gravure
CHUCHET, Antonin . . . . un tableau
COT, Madame. un tableau de P. A. Cot gravure avant la lettre
de SEVERAC, Gilbert . . . . un tableau
HOUSSAYE, Arsene . . . . . six dessins, trois gravures
LEROI, courrier de l'art . [huit gravures avant la lettre et tirées [sur parchemin.
VALLET, Louis . . . . un dessin
de FANIEZ, Adalbert . . . . trois tableaux
CABANEL, La famille . . un tableau d'Alexandre Cabanel

SCULPTURE

L'ÉTAT . . . un haut relief plâtre, une statue marbre
SOCIETE ARCHÉOLOGIQUE Deux bustes plâtre, un buste marbre
LAPRET . . . . terre cuite
OLIVA, un buste, dont le marbre a été fourni par la Soc. archéol.
INJALBERT. cinq statues ou groupes en plâtre, un buste marbre
BASTET . . . . un buste terre cuite
PAUL, Louis . . . . une statue plâtre

MUSÉE DE LA VILLE DE BÉZIERS

PEINTURE

DOMINIQUIN (DOMENICO - ZAMPIERRI dit LE) né à Boulogne en 1581, mort à Naples en 1641.

1 — **Portraits du pape Grégoire XV et de Ludovico Ludovisi, cardinal neveu.**

Grégoire XV fut élu pape le 9 février 1621 et mourut le 8 juillet 1623, à l'âge de 70 ans. Les deux portraits sont en pied et de grandeur nature.

Cette magnifique toile a primitivement fait partie de la galerie Borghèse, à Rome. Elle a été apportée en France par M. Reboul en même temps que les *Trois Grâces* de Raphaël, appartenant actuellement au duc d'Aumale. Elle a été acquise des héritiers de M. Reboul par la Soéiété Archéologique, qui en a fait don au Musée ; il est regrettable que l'état de ses finances ne lui ait pas permis d'acheter les deux chefs-d'œuvre qui lui étaient simultanèment proposés.

Peint sur toile. — Haut., 2m20. — *Larg.*, 1m47.

PARROCEL (PIERRE). — Attribué à), né à Avignon en 1664, mort à Paris en 1729.

2. — **Le Massacre des Innocents.**

Ce tableau a été acquis par la Société archéologique.

Toile. — Haut., 0m72. — *Larg.*, 1m33

HOECK (JEAN-VAN), né à Anvers au commencement du XVIIme siècle.

Il fut l'élève et l'ami de Rubens.

3. — Portrait de femme. Grandeur nature.

La figure et les mains sont finement peintes ; les détails du costume sont curieusement cherchés et consciencieusement rendus. La coiffure bizarre, et surtout la cordelière de veuve, reproduisent les modes du XVIIe siècle. Sur le panneau, à gauche, se trouve une cartouche qui porte les initiales du peintre, et au-dessous cette inscription : *Ætatis suœ* 26, *anno* 1634.

Ce tableau a été acquis par la Société archéologique, et donné par elle au Musée.

Bois. — *Haut.*, 1^{m}65. — *Lar*., 0^{m}06

GAMELIN (JACQUES. — Ecole française), né à Carcassonne en 1735 ; il y est mort en 1803.

4. — Titus accordant la liberté à des prisonniers.

Ce tableau a été donné au Musée par la Société archéologique. *Signé Gamelin*

Toile. — *Haut.* 0^{m}59. — *Larg.* 0^{m}72

MEME AUTEUR.

5. — Episode de l'armée des Pyrénées Orientales, commandée par le général Dugommier, en 1794.

Gamelin était attaché à l'état-major de ce corps comme peintre.

Bois. — *Haut.* 0^{m}34., — *Larg.*, 0^{m}58

MEME AUTEUR

6. — **Même Sujet.**

Ce tableau forme pendant. Il provient comme le précédent, du cabinet de M. Lapret, qui en a fait don.

Bois. — *Haut.*, 0m34. — *Larg.* 0m58

PILLEMENT (Jean), né en Languedoc en 1725 mort à Lyon en 1806.

7. — **Paysage avec figures et animaux.**

Ce tableau a été donné au Musée par la Société archéologique, il est signé J. Pillement.

Toile. — *Haut.*, 0m62. — *Larg.*, 0m93

MEME AUTEUR.

8. — **Paysage formant pendant avec le précédent.**

Ce tableau a été donné au Musée par la Société archéologique. Il est signé.

Toile. — *Haut.*, 0 63. — *Larg.*, 0 92

MEME AUTEUR.

9. — **Paysage avec figures et animaux.**

Peinture à la gouache et au pastel.
Ce tableau a été donné au Musée par la Société archéologique. Signé.

Toile. — *Haut.*, 0m45 *Larg.*, 0m65

MÊME AUTEUR.

10. — **Même sujet, formant pendant avec le précédent.**

Peinture à la gouache et au pastel. Signé.

Toile. — *Haut.*, 0m45 *Larg.*, 0m65

COLIN (ALEXANDRE), ex - directeur de l'école de peinture de Nimes, élève de Girodet, né à Paris en **1798.**

11. — **Christophe Colomb devant le Conseil de Salamanque.**

Le sujet de ce tableau est une des pages les plus intéressantes et peut-être les moins connues de la vie de Christophe Colomb. Tout le monde sait les refus et les dégoûts que ce grand homme eut à essuyer dans la plupart des cours de l'Europe ; partout on le traita de visionnaire et d'esprit chimérique. Le Portugal, Gênes et Venise n'ayant pas seulement daigné l'écouter, il entreprit, malgré son extrême pauvreté, d'aller implorer la cour d'Espagne. Il obtint une lettre de recommandation près d'Isabelle de Castille, qui ordonna à son confesseur de réunir une commission savante pour examiner les projets de Christophe Colomb. La conférence s'ouvrit en 1484, au couvent de Saint-Etienne. La commission était composée de clercs, professeurs, dignitaires de l'Eglise, moines, érudits, etc., etc.

L'artiste le représente au moment où il discute, une main sur un livre, l'autre sur la sphère ; il argumente, il prouve, il refute. Mais déjà son œil s'anime, sa figure s'éclaire, sou cœur s'échauffe ; autour de lui sont rangés des juges qui l'écoutent à demi, sourient de pitié et hochent dédaigneusement la tête ; l'un d'eux même se frappant du doigt le front, indique à son voisin que le pauvre orateur a le cerveau fêlé.

Ce tableau a été exposé à Paris, au salon de 1846 ; il a été gravé sur bois dans le recueil du *Magasin Pittoresque* de la même année. Il est signé A. Colin, grandeur nature.

C'est le premier don fait par l'Etat sur les acquisitions annuelles du Salon.

Toile. — *Haut.*, 2ᵐ16 *Larg.*, 2ᵐ80

TITIEN (TIZIANO-VECELLI, dit LE), né à Pièvre-de-Cadorre en 1477, mort à Venise en 1576.

12. — Tobie et son fils enterrant les morts.

Sur le devant du tableau, on aperçoit une fosse récemment creusée, car les outils sont encore-là. Tobie et son fils déposent un cadavre dans cette tombe. Une femme tenant un flambeau, éclaire les pieux travailleurs et fait ruisseler la lumière sur le torse de l'homme que l'on va ensevelir. Un autre cadavre enveloppé dans son linceul est déposé à l'écart ; à gauche, la voûte de la grotte où se passe la scène s'ouvre sur un ciel pur et transparent, où étincelle le disque plein de la lune, mordu par quelques branches d'arbre.

Le livret du Musée Napoléon III, où a figuré ce tableau, s'exprimait ainsi : « Quoiqu'il soit regardé comme un des derniers ouvrages du Titien, ce tableau est très ferme et conserve tout le prestige du brillant coloris du maître. On lit sur une pelle : *Titianus F*, inscription, qui se trouve répétée sur une ancienne gravure qui reproduit fidèlement cette composition du grand peintre vénitien.

Cette peinture faisait partie de la collection Campana Elle a été donnée au Musée par l'Etat.

Peint sur bois. — *Haut.*, $0^{m}73$. — *Larg.*, $0^{m}98$.

GIOTTO (Ecole de)

13. — **La Nativité.** — Chœur d'Anges dans le haut.

Ce tableau provient de la collection Campana. Il a été donné par l'Etat.

Haut., $1^{m}40$. — *Larg.*, $0^{m}95$

MAITRE INCONNU (Ecole Lombarde).

14. — **Sainte-Famille.**

La Vierge soutient l'Enfant Jésus, qui bénit le petit saint Jean-Baptiste. A gauche du groupe, saint Joseph joint les mains dans l'attitude de l'adoration ; à droite, saint François et une sainte Martyre, tenant à la main l'un une croix, l'autre une palme.

Ce tableau faisait partie du Musée Campana. Il a été donné par l'Etat.

Peint sur bois. — *Haut.*, $0^{m}60$. — *Larg.*, $0^{m}90$.

GIOTTO (Ecole de).

15. — **Mater Dolorosa.**

Donné par M. Cazals.

Haut., $0^{m}40$. — *Larg.*, $0^{m}33$

GUERCHIN (Giovanni-Francesco-Barbieri, dit le), né à Bologne le 9 fevrier 1590, mort le 24 décembre 1666.

16. — **La Femme aux trois couronnes.**

Cette gracieuse figure est le portrait d'une artiste inconnue de nous. Elle tient de la main droite une couronne de fleurs qui vient de lui être offerte, et semble se retourner pour remercier le public. Elle a placé sur sa tête une autre couronne. Enfin une troisième couronne, toute semblable aux deux autres, jetée par elle sur une table à droite, cache à demi l'archet et le violon qu'elle vient d'y déposer.

Ce tableau, apporté de Naples par M. Perrot, de Nimes, a été acheté à ce dernier par la Commission du Musée.

Peint sur toile. — Haut., 0^{m}92. — *Larg.*, 0^{m}70.

GUERCHIN (attribué à)

17. — **La Maternité.**

Ce tableau a été donné au Musée par M. Huc, ancien économe du collège.

Toile. — Haut., 1^{m}13. — *Larg.*, 0^{m}90.

GUIDE (Guido-Reni, dit Le), né à Bologne en 1575, mort à Rome en 1642.

18. — **La Fortune** (copie).

Ce tableau a été donné au Musée par Mme la marquise de Villeneuve.

Toile. — Haut., 1^{m}62 — *Larg.*, 1^{m}30

STELLA (Jacques), né à Lyon en 1596, mort à Paris en 1647.

19. — **La présentation de Jésus au Temple.**

Ce tableau, qui a malheureusement subi quelques repeints maladroits, a longtemps fait partie de la galerie du cardinal Fesch. Il a été acheté, à Paris, par M. Fabregat, maire. Figures grandeur nature.

Toile. — Haut., 3m40. — *Larg.*, 2m22

BON BOULLONGNE, né à Paris en 1649, mort dans la même ville le 15 mai 1717.

20. — **Le miracle de Saint-Benoît.**

Satan empêche le déplacement d'une pierre à l'entrée d'un couvent en construction, et arrête les travaux, St-Benoît, prévenu par les moines, apparaît sur le seuil et exorcisme le démon qui s'enfuit.

Ce tableau a été acquis par la Commission du Musée. Figures demi-nature.

Toile. — Haut., 1m02. — *Lar.*, 2m23

FYT (Johannes. — Ecole hollandaise).

21. — **Un chat sauvage flairant du gibier.**

Ce tableau, peint avec une habileté de touche que le maître n'a jamais dépassée, a été acquis par la Commission du Musée. Signé : *J. Fyt*

Bois.— Haut. 0m48. — *Larg.* 0m59

MAAS (Nicolas. — Ecole hollandaise), né à Dort en 1632, mort en 1693.

22. — **Chevaux à vendre à la porte d'une hôtellerie.**

Ce tableau a été acquis par la Commission du Musée.

Toile. — *Haut.*, 0^m66. — *Larg.*, 0^m82

GOYEN (Jean-Van. — Ecole hollandaise), né à Leyde en 1596, mort à la Haye en 1656.

23. — **Château en ruine au bord d'une rivière. Sur le devant, deux hommes traînent une barque.**

Ce tableau a été acquis par la Commission du Musée.

Bois. — *Haut.*, 0^m53. — *Larg.*, 0^m68

DOÈS (Jacques-Vander. — Ecole hollandaise), né à Amsterdam en 1623, mort en 1673.

24. — **Paysage et Animaux.**

Une femme et un enfant gardent un troupeau. Dans le fond, des bœufs et des chevaux s'abreuvent.

Ce tableau a été acquis par la Commission du Musée.

Toile. — *Haut.* 0^m68. — *Larg.* 0^m68.

BRECKELINCAMP (Querin-Van. — Ecole flamande).

25. — **Un concert de famille.**

Breckelincamp a été l'un des meilleurs élèves de Jean Miel, signé seulement des deux initiales Q. B.

Ce tableau a été acquis par la Commission du Musée.

Haut., 0^m60. — *Larg.*, 0^m73

BREST (Fabius), né à Marseille.

26. — **Place de l'At-Meïdan, à Constantinople.**

Au centre du tableau, l'obélisque de Théodose marque le milieu de l'ancien hippodrome. Un peu à droite, le tronçon de la colonne Serpentine en bronze, que la tradition dit avoir été apporté du temple de Delphes, la mosquée du sultan Achmet ; plus loin, les minarets de Sainte-Sophie. Sur le second plan on aperçoit des arbres qui ont acquis une célébrité sinistre ; le grand Vizir y fit pendre, en 1826, quelques janissaires qui tenaient encore dans la mosquée d'Achmet, après la prise de l'At-Meïdan par les troupes du sultan Mahmoud. Au fond s'entassent des maisons diaprées de couleurs, avec leurs étages en surplomb et leurs moucharabys grillés. Sur la place circulent les mouchyrs à cheval, les piétons de toute race et de tout costume, les femmes ou feredgés rose pistache ou bleu, les âniers conduisant lenr troupeau nain, des marchands vendant des concombres et des épis de maïs grillés ; tout ce mouvement de la métropole orientale est rendu avec une pittoresque exactitude.

Ce tableau a fait partie du Salon de 1861, et a été gravé dans l'ouvrage le *Tour du Monde*. Signé : *F. Brest*.

Acquis par la Commission du Musée.

Toile. — *Haut.*, 1m29. — *Larg.*, 1m95

MARCHAL (Charles), né à Paris et mort dans la même ville en 1877.

27. — **Peine perdue.**

Une vieille femme cherche à corrompre une jeune ouvrière : elle lui tend une lettre et lui montre en même temps un bijou ; mais la jeune fille détourne les yeux et se remet avec application à son ouvrage.

Ce tableau a été exposé au Salon de 1860, et gravé dans le *Monde Illustré*. Signé : *Ch. Marchal.*

Donné par l'Etat.

Toile. — *Haut.*, 0m85. — *Larg.*, 0m73

JOANNIN (G.), né à Lyon.

28. — **La Mare, paysage avec figures.**

Une mare, ombragée à gauche par de grands massifs d'arbres, à droite et au fond une clairière éclairée par le soleil.

Ce tableau faisait partie du Salon de 1861. Signé : *Joannin.*

Il a été acquis par la Commission du Musée.

Toile. — *Haut.*, 1m46. — *Larg.*, 0m87.

CASEY (Daniel), né à Bordeaux.

29. — **Cruautés des Thurings de l'armée d'Attila (Ve Siècle).**

L'artiste a emprunté ce cruel épisode aux *Etudes historiques* (mœurs des Barbares) de M. le vicomte de Chateaubriand. Laissons parler l'illustre écrivain :

« Les Thurings qui servaient dans l'armée d'Attila « exercèrent en se retirant à travers le pays des Francks, « des cruautés inouïes ; se ruant sur nos pères, ils leur « ravirent tout..., ils firent mourir plus de deux cents « jeunes filles d'une mort cruelle ; les unes furent atta- « chées à des chevaux qui, pressés d'un aiguillon acéré, « les mirent en pièces ; les autres furent étendues sur les

« ornières des chemins, et clouées en terre avec des « pieux ; des charettes chargées passèrent sur elles ; « leurs os furent brisés, et on les donna en pâture aux « corbeaux et aux chiens. »

Ce tableau, exposé au Salon de 1859, avait été donné par l'auteur à M. Charles Laoor, qui en a fait don au Musée. Il est momentanément exposé au foyer du Théâtre. Figure grandeur nature.

Toile. — Haut, 2m40. — *Larg.* 3m27

GASTIGLIONE (BENNEDETTI), né à Gênes en 1616, mort à Mantoue en 1670.

30. — Nature morte : Gibier et armes de chasse.

C'est une des rares natures mortes produites par ce peintre, plus particulièrement connu par ses scènes de vendange.

Donné par la Société archéologique.

Toile. — Haut. 0m74. — *Larg.* 1m00

AUTEUR INCONNU (Ecole de Guerchin).

31. — Gabrielle de Vergy, dame de Fayel, pleurant sur le cœur de Raoul, châtelain de Coucy, son amant.

On dit que Raoul, avant de rendre le dernier soupir, chargea son écuyer de porter, après sa mort, son cœur à la dame qu'il aimait. L'écuyer arrivé en France, se mit en devoir d'exécuter les dernières volontés de son maître, mais il fut surpris par l'époux. Celui-ci prit le cœur, et, usant de subterfuge, le fit manger à sa femme qui, instruite plus tard, se laissa mourir de faim.

Ce tableau dont tout le bas a été repeint, a été donné par M. de Valory, de Tarascon.

Toile ovale. — Haut., 0m65. — *Larg.*, 0m51

COUSTOU né à Montpellier, vers la fin du XVIIIe siècle. Sa famille était originaire de Caux, près Pézenas, et par conséquent, alliée à celle de notre illustre sculpteur Coustou.

32 à 35. — **Quatre dessus de porte, représentant la Sculpture, la Peinture, l'Architecture et la Musique.**

Ces tableaux ont été donnés par M. Henri-Bernard de Nattes, fondateur du Musée. Deux sont signés.

Toile. — Haut., 1m10. — *Larg.*, 1m37

MIQUEL (François), né à Béziers.

36. — **Halte de Gitanos sur une grande route, paysage** des environs de Montpellier.

Ce tableau a été donné par l'auteur, fondateur du Musée. Signé : *F. Miquel.*

Toile. — Haut., 1m05. — *Larg.*, 1m30

MIGNARD (Nicolas), né à Troyes en 1608, mort à Paris en 1695.

37. — **Le Christ au roseau** (copie).

L'original de ce tableau appartient au Musée de Toulouse.

Cette copie a été peinte par M. Roudès, mort à Béziers ; il en a fait don au Musée, dont il a été un des fondateurs.

Toile. — Haut., 1m15. — *Larg.*, 0m90

PERROT (Adolphe), né à Nimes.

38. — Une Bacchante assise ; elle donne à manger à un chien.

Ce tableau a été acquis par la Commission du Musée.

Toile. — *Haut.*, $0^{m}45$. — *Larg.*, $0^{m}40$

MEME AUTEUR.

39. — Paysage avec figures. — Effet d'automne. Signé.

Donné par l'auteur, fondateur du Musée.

Toile. — *Haut.*, $0^{m}63$. — *Larg.*, $0^{m}80$

LABOR (Charles), né à Béziers.

40. — Paysage avec figures. — Sur le premier plan un troupeau de canards.

Donné par l'auteur. Signé : *Ch. Labor.*

Haut., $0^{m}42$. — *Larg.*, $0^{m}13$

AUTEUR INCONNU.

41. — Portrait de Louis XIV (copie fort médiocre) d'après Hyacinthe Rigaud.

Haut., $0^{m}75$. — *Larg.*, $0^{m}48$

AUTEUR INCONNU.

42. — Portrait de Jean-Baptiste de Gonet, R. Dominicain et théologien distingué, né à Béziers en 1616, mort dans la même ville en 1681.

Ce portrait n'offre d'autre intérêt que d'avoir été peint d'après nature, et de nous transmettre exactement la physionomie de notre célèbre compatriote du XVIIe siècle.

Toile. — *Haut.*, 0[m]70. — *Larg.*, 0[m]54

PAUL peintre de marine.

43. — **Evasion de Jean-Bart des prisons d'Angleterre.** Effet de lune.

Donné par Mlle Paul, sœur de l'auteur. Signé : *Paul.*

Haut., 0[m]72. — *Larg.*, 1[m]02

AUTEUR INCONNU.

44. — **Sainte-Madeleine.**

Bois. — *Haut.*, 0[m]20 — *Larg.*, 0[m]16

TROY (François de), né à Toulouse en 1645, mort à Paris en 1730.

45. — **Sainte-Famille.**

Cette toile a subi de nombreux et regrettables repeints. Donné par la Société archéologique.

Toile. — *Haut.*, 0[m]60 — *Larg.*, 0[m]90

FRACANZANI (François), élève de Ribera, né en Italie au commencement du XVIIme siècle.

Cet artiste célèbre ayant été condamné à périr sur un gibet, obtint, par honneur pour sa profession et son talent de mourir par le poison dans le lieu où il était détenu.

46. — Une fileuse Espagnole. Figure grandeur nature.

Acquis par la Commission du Musée.

Bois. — *Haut.*, $0^{m}89$. — *Larg.*, $0^{m}70$

VIEN (Joseph-Marie), né à Montpellier en 1716 mort en 1809 à Paris ; Directeur de l'école de Rome de 1771, à 1780.

47. — Samson après la bataille de Leschi.

Il s'endort, fatigué, et tenant encore la machoire d'âne avec laquelle il vient de combattre et de mettre en fuite mille philistins.

Donné par M. Moulins, membre fondateur du Musée.

Bois. — *Haut.*, $0^{m}35$ — *Larg.*, $0^{m}36$

VEYRASSAT (Jules-Jacques), né à Paris.

48. — Les cascarottes au lavoir. — Vue prise entre le Boucau et Saint-Esprit, près Bayonne.

On donne le nom de Cascarottes, dans le pays Basque, aux femmes qui portent habituellement la marée dans les villages.

Ce tableau a été le premier don fait au Musée, par la Société des Amis des Arts, fondée à Béziers en 1863. Il a été exposé au Salon de la même année. Signé : *J. J. Veyrassat.*

Toile. — *Haut.*, $0^{m}68$. — *Larg.*, $1^{m}16$

BESSON (Faustin), né à Dôle.

49. — Jocelyn.

Jocelyn, pour faciliter le mariage de sa sœur, renonce à son patrimoine et se résout à entrer dans les ordres ecclésiastiques.

L'artiste s'est inspiré des vers suivants :

Comme tout trahissait leur vague enchantement
Ces soupirs, ces regards qui plongaient l'un dans l'autre,
Cette langue sans mots qui surpassait la nôtre,
Cette marche indolente ou le pas arrêté
Comme accablé du poids de leur félicité,
Cette fuite du monde et ce besoin d'eux-mêmes,
Cette joie de nommer vingt fois le nom qu'on aime,
Tout leur réalisait ce rêve de l'amour
Qu'on fait toute sa vie et qu'on savoure un jour ;
Et moi, seul et rêveur, glissant sans qu'on me voie,
Du regard et du cœur je poursuivais leur joie.

. . . .

Du bonheur des amants goûtant au moins l'image,
Dans leur félicité j'adorais mon ouvrage,
Et je disais tout bas dans mon cœur satisfait :
« Ce bonheur est à moi, car c'est moi qui l'ai fait. »

Ce tableau faisait partie du Salon de 1848 ; le journal *l'Artiste* en a publié, en 1859, une gravure due au burin de Lefman. Cette gravure est exposée dans la salle des dessins.

Donné au Musée par MM. Hérisson frères, membres fondateurs du Musée. *Signé.*

Toile. — Haut., 0m77 — *Larg.*, 0m63

DIAZ (Narcisse-Virgile).

50. — **Paysage avec figures.**

Sur le devant, trois femmes assises forment un groupe qui se détache vigoureusement sur l'eau ; auprès d'elles un chien couché dans l'herbe ; à droite, des rochers dominés par un bouquet d'arbres dorés par le soleil ; au fond, un groupe de baigneuses. *Signé.*

Acquis par la Commission du Musée.

Toile. — *Haut.*, 0^m45. — *Larg.*, 0^m68

GLAIZE (Auguste), né à Montpellier.

51. — **Les Amours à l'encan.**

Nous sommes transportés dans les domaines de la fantaisie, en plein règne de l'idéal. L'artiste nous introduit dans une salle où domine le style grec. Il y a *vente publique*, un cartel appendu l'annonce à tout venant. Que va-t-on vendre ? — l'Amour. Il n'y a que la Folie qui puisse se permettre une telle abomination ! Aussi la Folie est-elle là dominant la scène et criant l'enchère. L'assemblée est nombreuse, les passions humaines sont accourues : Voici tout d'abord la Luxure, sous l'enveloppe d'un vieux juif qui s'échappe en couvant sa proie ! puis l'égoïsme engraissé, l'égoïsme blasé, uue sorte de Vitellius repu, couvert de pourpre et d'or, entouré de ses pourvoyeurs infâmes, qui examine tout d'un air insolent, et surtout un groupe charmant de jeunes filles venues là par curiosité : les imprudentes, qui osent jouer avec le feu ! Au bas du tableau, l'une d'elles a fait son emplète; c'est une fille des champs, on le devine à son teint hâlé. Rangée, économe par caractère, et sachant que l'amour a des ailes, elle veut le mettre en cage, et l'Amour de résister et de parlementer d'une façon charmante et gentille : point à la cage ! — Dans l'ombre, à gauche, voici une femme robuste qui en emporte une paire ; puis tout à côté, une courtisane au teint brun, aux narines ouvertes, à l'œil ferme, au front masculin, maniant la cravache, éperonnée aussi, sans doute, attire les propos de deux barbons grisonnants. Un peu plus à droite, un groupe semblable ; puis tout au milieu, au-dessus de deux scribes impassibles penchés sur le vélin, et que de longues oreilles caractérisent d'une façon assez amusante, voici venir un jeune poète tombé de son ciel pour prendre part à l'enchère ; mais son escarcelle est vide. Qu'offre-t-il encore ? une pomme. La Folie ne daigne pas se retourner. Enfin, dans le fond, appuyée contre une colonne, tout en larmes, défaillante, presque inanimée, la Misère ! Elle n'est pas venue pour acheter, celle-là !

Ce tableau a fait partie du Salon de 1856.

L'*Illustration* de la même année en a publié une gravure sur bois.

Acheté par la Commission. Signé : *A. Glaize*. Figure un peu moins que nature.

Toile. — Haut., 2m80. — *Larg.*, 3m90

POUSSIN (Nicolas — Ecole française), né aux Andélys (Normandie) en 1594, mort à Rome le 19 novembre 1665.

52. — Le Sommeil de Bacchus.

L'original avait été peint pour le cardinal de Richelieu. Il fait aujourd'hui partie du Musée britannique.

Cette copie et les deux autres dont il est fait mention ci-après, ont appartenu à M. de Saint-Simon, dernier évêque d'Agde ; elles sont attribuées à Jacques Stella, contemporain et ami du Poussin. Elle a été envoyée momentanément à Paris sur la demande de la Direction des Beaux-Arts.

Toile. — *Haut.*, 1m45. — *Larg.*, 1m20.

MEME AUTEUR.

53. — **Le Triomphe de Bacchus** (copie).

L'original ornait le cabinet du roi dans l'appartement que le cardinal destinait à Louis XIII dans le somptueux palais qu'il avait fait construire à Richelieu en Touraine.

Haut., 1m39. — *Larg.*, 1m45

MEME AUTEUR.

54. — **Bacchanale** (copie)

L'original avait été peint pour le comte de Chiverny.

Cette bacchanale a été envoyée à M. le Directeur des Beaux-Arts, au momont de la formation du musée européen. — Projet abandonné depuis lors. —

Bois. — *Haut.*, 1m39. — *Larg.* 1m45

AUTEUR INCONNU.

55. — **Les Personnages de la Comédie Italienne.**

Ce tableau et les précédents, inscrits sous les Nos 52, 53 et 54, ont été payés par la Ville aux héritiers Coste, en exécution d'un marché précédemment passé entre ces derniers et la Société archéologique.

Toile. — *Haut.*, 1m19. — *Larg.*, 1m45

FAURÉ (Léon), né à Toulouse.

56. — Retour du jeune Tobie.

Ce tableau a été exposé au Salon de 1864.
Il a été donné par la Société des Amis des Arts. Signé.

Toile. — *Haut.*, 0m85. — *Larg.*, 1m22

SAINT-FRANÇOIS (Léon), né à Clermont (Oise)

57. — Le mont Atlas. — Effet de soleil levant.

Au premier plan est campée une famille arabe nomade, un homme dort encore, enveloppé dans son burnous ; un autre se chauffe au feu que viennent d'allumer les femmes qui préparent le couscous.
Ce tableau a été donné par l'Etat. Signé.

Toile. — *Haut.*, 0m96 — *Larg.*, 1m28

SERDA (Emile), né à Montpellier, mort à Béziers en 1863.

58. — **Un Chemin près La Salvetat.**

Etude d'après nature.

Donné par M. Charles Labor. Signé : *Serda.*

Haut., 0m44. — *Larg.*, 0m54

MEME AUTEUR.

59. — **Un Four à plâtre.**

Etude d'après nature.
Donné par M. Léon Fayet.

Haut., 0m20. — *Larg.*, 0m28

PANINI (Paul-Jean. — Attribué à), né à Plaisance en 1691, mort à Rome en 1764. Il est connu aussi sous le nom de Jean-Paolo.

60. — **Ruines romaines.**

Ce tableau, peint avec une grande vigueur et une science profonde de la ligne architecturale appartient à l'Ecole romaine.

Il a été donné au Musée par les Frères de la Doctrine chrétienne, membres fondateurs du Musée.

Haut., 1m13. — *Larg.*, 0m85

ROMANELLI (François), né à Viterbe en 1617, mort dans la même ville en 1662.

61. — **Tête de Bacchante.**

Donné par M. Ch. Labor.

Toile. — *Haut.*, 0m40. — *Larg.*, 0m33

TRAYER (Jean-Baptiste-Jules), de Paris.

62. — **Les Cueilleuses de Moules du Pollet, à Dieppe.**

Ce tableau a été exposé au Salon de 1864.

Il a été accordé au Musée par l'Etat, le 15 août 1865 Signé : *J. B. Trayer.*

Toile. — *Haut.*, 0 85. — *Larg.*, 1 25

BISCAYE (Charles), né à Béziers.

63. — **Le Printemps. — Effet de matin.**

Ce tableau a été exposé au Salon de 1863.

Donné par l'auteur, membre fondateur du Musée. Signé.

Toile. — Haut., 0m80. - - *Larg.*, 1m00

FAYET (Léon), né à Béziers en 1826, mort dans la même ville en 1880.

64. — **Une Ferme sous bois.**

Ce tableau a été exposé au Salon de 1865.

Donné par l'auteur, membre fondateur du Musée. Signé

Toile. — Haut., 0m82 *Larg.*, 1m25

FAYET (Gabriel), né à Béziers,

65. — **Bords de l'Agout.**

Ce tableau a été exposé au Salon de 1865.

Donné par l'auteur, membre fondateur du Musée. Signé.

Toile. — Haut., 0m84. — *Larg.*, 1 25

COUTURE (Thomas), né à Senlis (Oise).

66. — **La Soif de l'or.**

Copie par M. Joseph Sylvestre, de Béziers. L'original appartient au Musée de Toulouse.

Don de l'auteur.

Toile. — Haut., 1 52. — *Larg.*, 1m84

LABOR (CHARLES), né à Béziers.

67. — La Place Couverte, à Béziers.

Cette étude a été faite au moment de la démolition de la Halle, en 1865.

Le tableau a fait partie du Salon de 1872. Signé : *Ch. Labor.*

Acheté par la Commission.

Toile. — *Haut.*, 1m15 — *Larg.*, 0 87

CABANEL (ALEXANDRE), membre de l'Institut, né à Montpellier en 1823, mort à Paris en 1889.

68. — Une Druidesse.

Elle est assise au pied d'un arbre ; l'ombre des bois l'enveloppe de ses teintes grises ; sa tête est couronnée de chêne et son voile pendant sur l'épaule, ses bras sont nus et ses mains se croisent sur le gazon ; sa tête est légèrement penchée en avant, et son regard semble sonder un horizon inconnu. Mais laissons parler M. A. Baluffe ; il n'appartient qu'au poète de traduire l'émotion causée par cette poétique création :

LA DRUIDESSE

La tunique à demi défaite, les bras nus,
Laissant couler à flots sa chevelure rousse,
Elle est au fond d'un bois, à l'ombre, et sur la mousse,
L'œil fixe, regardant des lointains inconnus.

Pâle, sombre, elle est là, car les temps sont venus
Où la vierge maudit ses vœux et les repousse,
Et ses flancs, révoltés par l'instinct qui les pousse,
Sont en proie aux désirs fiévreux — trop contenus.

On a mis sur son front la couronne de chêne;
Son culte lui défend toute tendresse humaine :
Nul ne peut l'appeler son amante ou sa sœur ;

Et d'un cruel devoir morne et fatale esclave,
Elle en meurt, avec un sourire amer et grave.
Aimant.... et d'être aimée ignorant la douceur !

Acheté par la Commission à l'Exposition de la Société artistique de l'Hérault, en 1870. Grandeur nature. — Signé : *A. Cabanel.*

Toile. — *Haut.*, 1m25. — *Larg.*, 0m80.

DAUBIGNY (Charles-François), né à Paris.

69. — **Bords de l'Oise.**

Sur le second plan, au fond, un bouquet d'arbres se détachant vigoureusement sur un ciel gris ; à gauche, un troupeau de vaches entrant dans l'eau ; à droite, une ferme et un bateau amarré au rivage.

Acheté par la Commission. — Signé.

Bois. — *Haut.*, 0m40 — *Larg.*, 0m71

ROUSSEAU (Théodore), né à Paris.

70. — **Une Allée d'arbres se prolongeant à gauche.**

Un village dans le fond. Dans la plaine lumineuse, un attelage de laboureur ; sur le second plan, une bergère assise ; sur le devant, un terrain dans l'ombre, avec flaques d'eau et joncs.

Peint sur bois. — *Haut.*, 0m25. — *Larg.*, 0m30.

ISABEY (LOUIS-GABRIEL-EUGÈNE), né à Paris.

71. — **Bateaux pêcheurs sur la Manche, ballotés par une mer houleuse. Au fond une éclaircie.**

Acheté par la Commission. Signé : des deux lettres initiales.

Peint sur toile. — *Haut.*, 0m35. — *Larg.*, 0m50.

MAITRE INCONNU (Ecole hollandaise).

72. — **Marine.**

Acheté par la Commission.

Haut., 0 72. — *Larg.*, 0m88

COROT (JEAN-BAPTISTE), né à Paris.

73. — **L'Etang de Ville d'Avray.**

Sur le devant, un étang couvert de plantes marécageuses, où paissent des vaches disséminées ; au second plan, un bouquet de saules et une barque ; au fond, une fabrique vivement éclairée et les toits d'un chalet, appartenant au célèbre maître.

Acheté par la Commission. — Signé : *Corot.*

Toile. — *Haut.*, 0m40. — *Larg.*, 0m65.

APPIAN (ADOLPHE), né à Lyon.

74. — **Un coin du Moulin de Très-Pont. (Ain).**

Exposition de la Société artistique de l'Hérault (1869).
Acheté par la Commission. — Signé : *A. Appian.*

Toile. — *Haut.* 0m38. — *Larg.* 0m68

DORCY.

75. — Tête de jeune fille.

Acheté par la Commission. — Signé : *Dorcy.*

Toile. — *Haut.* 0m45. — *Larg.* 0m35

JACQUE (Charles-Emile), né à Paris.

76. — Une Basse-Cour.

Poules et coqs de diverses espèces à la picorée sur un fumier.

Acheté par la Commission. — Signé.

Bois. — *Havt.*, 0m77. — *Larg.*, 0m96

DARGENT (Yan') né à Saint-Servais (Finistère).

77. — La roche Maurice, le soir.

Ce tableau a figuré au salon de 1868. Signé : *Yan Dargent.*

Don de l'Etat.

Toile. — *Haut*, 1m30. — *Larg.* 2m14

JULES ROMAIN (Julio-Pippi, dit), né à Rome en 1492. — Il fut l'élève préféré de Raphaël.

78. — Sainte-Famille, d'après Raphaël,

L'original de ce tableau appartient au Musée de Madrid.

Acheté par la Commission.

Toile. — *Haut.*, 1 30 — *Larg.*, 1m08

GAMBOGI (Emile), né à Naples.

79. — **Paysanne italienne portant un fagot.**

Exposition de la Société artistique de l'Hérault de 1869.

Don de cette Société. — Signé : *E. Gambogi.*

Toile. — *Haut.*, 0m65. — *Larg.*, 0m50

FRANCIA (Attribué à).

80. — **Saint-François en extase.**

Acheté par la Commission.

Bois. — *Haut.*, 0m60. — *Larg.*, 0m45

HUGARD (Claude-Sebastien), né à Cluses (Haute-Savoie). Ecole genevoise moderne.

81. — **Le point du jour sur l'Aiguille du Gers.**

Ce tableau faisait partie du Salon de 1869. — Signé : *C. Hugard.*

Don de l'Etat.

Toile. — *Haut.*, 1m60. — *Larg.*, 2m44

PONSON (Raphael,) né à Marseille.

82. — **Les Rochers de Bandol.**

Effet de matin très lumineux. Dans le fond, à droite, un groupe de bâteaux.

Exposition de la Société artistique de l'Hérault (1870).

Acheté par la Commission. — Signé.

Toile. — *Haut.* 0m95. — *Larg.* 1m86.

LAMBRECHTS (Henrik). — Il fut l'élève de J. Miel, d'Anvers.

83. — **Intérieur d'une Taverne flamande.**

Acheté par la Commission.

Toile. — *Haut.*, 0m38. — *Larg.*, 0m29

LEPOITEVIN (Eugène), né à Paris.

84. — **Sauvetage d'Epaves. Souvenir de Hollande.**

Ce tableau a figuré au Salon de 1867.
Don de l'Etat. — Signé.

Toile .— *Haut.*, 0m70. — *Larg.*, 1m50

TRINQUIER (Antonin), né au Vigan (Gard).

85. — **Un dessert, fruits.**

Exposition de la Société artistique de l'Hérault (1870).
Don de cette Société. — Signé : *A. Trinquier.*

Toile. — *Haut.*, 0m45. — *Larg.*, 0m55

RÉGIS (Augustin, né à Béziers.

86. — **Portrait de M. Jacques Azaïs, fondateur de la Société archéologique de Béziers. (Copie)**

Don de cette Société.

Toile. — *Haut.*, 0m70. — *Larg.*, 0m55

LABORNE (EDME-EMILE), né à Paris.

87. — **Une rue de Vitré (Ile-et-Vilaine).**

Exposition de la Société artistique de l'Hérault (1870). Don de cette Société. — Signé : *Laborne.*

Toile. — *Haut.*, 0m53. — *Larg.*, 0m37

BEAUMES (AMÉDÉE).

88. — **Jeune fille cueillant des roses.**

Acheté par la Commission. — Signé : *A. Beaumes.*

Toile. — *Haut.*, 0m80. — *Larg.*, 0m50

GLAIZE (AUGUSTE), né à Montpellier.

89. — **Monna Belcolore.**

Elle apporte une couronne d'immortelles sur le cercueil de Franck, qu'elle croit mort. Franck en habit de moine près du cercueil vide, remet son masque en la regardant venir.

« C'est bien elle ; elle approche, elle vient, la voilà ;
« Voilà bien ce beau corps, cette épaule charnue,
« Cette gorge superbe et toujours demi-nue ;
« Sous ces cheveux plaqués ce front stupide et fier,
« Avec ses deux grands yeux qui sont d'un noir d'enfer.

. . . .

« Deux anges destructeurs marchent à son côté,
« Doux et cruels tous deux : la Mort, la Volupté. »

(ALFRED DE MUSSET.— *La Coupe et les Lèvres*).

Ce tableau a figuré au Salon de 1866.

Don de l'Etat. — Signé : *A. Glaize.* — Figures grandeur nature.

Toile. — *Haut.*, 2m63 *Larg.*, 1m85

OLIVE (Jean-Baptiste), né à Marseille.

90. — Fruits et Vases divers.

Exposition de la Société artistique de l'Hérault de 1872. Don de cette Société. — Signé : *Olive.*

Haut., $1^{m}02$. — *Larg.*, $0^{m}88$

DEMOISELET & HUILLIOT (Ecole française de la fin du XVIIIme siècle.)

91. — L'Eté.

Allégorie qui ornait une petite salle à manger placée dans le pavillon de Flore, au palais des Tuileries, et qui a été enlevée en 1866, au moment de la restauration de ce pavillon.

Don de l'Etat.

Toile. — *Haut.*, $1^{m}66$. — *Larg.*, $1^{m}20$

MEMES AUTEURS.

92. — L'Automne.

Même origine que le précédent.

BOUCHER (François), né en 1703 à Paris, mort en 1770.

93. — Esquisse. Composition allégorique de l'Eté.

Don de l'Etat.

Bois.— *Haut.* $0^{m}48$. — *Larg.* $0^{m}43$

CASANOVA (François), né à Londres en 1727, de parents vénitiens, mort à Brülh, près Vienne, en 1805.

94. — Paysage avec animaux.

Ce peintre est surtout connu par ses tableaux de bataille. Cette calme et riante nature contraste avec ses compositions habituelles.

Don de l'Etat.

Toile. — *Haut.*, 0m37. — *Larg.*, 0m61

ECOLE FRANÇAISE.

95. — Portrait de la marquise de Montespan.

Don de l'Etat.

Toile. — *Haut.*, 1m10. — *Larg.*, 1m22

ECOLE FLAMANDE.

96. — Portrait de jeune homme.

Ce tableau n'est pas signé, mais l'artiste a seulement indiqué sur le fond que le modèle dont il venait de reproduire les traits n'était âgé que de 19 ans, et qu'il avait été peint en l'année 1651.

Donné par l'Etat.

Bois. — *Haut.*, 0m80 — *Larg.*, 0m41

ECOLE FRANÇAISE. (XVIIIme siècle.)

97. — Portrait de la comtesse de Charolais en costume de moine.

Ce portrait a eu une certaine célébrité au moment où il a été peint. Voltaire en parle dans ses *Mémoires*. Reproduction réduite de celui qui figure dans les galeries de Versailles.

Don de l'Etat.

Toile. — *Haut.*, 0m60. — *Larg.*, 0m45

VÉRONÈSE (PAUL, école de).

98. — **Portrait de jeune Fille.**

Cette toile a beaucoup souffert ; la tête a subi de nombreuses retouches. Les parties demeurées plus nettes laissent cependant deviner la manière et même la touche de Paul Véronèse.

Don de l'Etat.

Toile. — *Haut.*, 0m95. — *Larg.*, 0m75

ECOLE DU CORREGE.

99. — **La Madone et l'Enfant Jésus.**

Don de l'Etat.

Toile. — *Haut.*, 0m20. — *Larg.*, 0m30

GOYET (EUGÈNE.)

100. — **Le Massacre des Innocents.**

Ce tableau avait été donné par l'Etat au Musée de Montpellier, qui l'a cédé en 1874 au Musée de Béziers.

Toile. — *Haut.* 5m15. — *Larg.* 6m00

BURCH (Jacques-Hippolyte Van der).

101. — **Chasseur terrassant un Ours.**

Cette toile a beaucoup souffert ; elle a été retirée du Musée et placée en dépôt provisoire dans le bureau de l'Etat Civil ; l'Etat devant la reprendre.

Toile. — *Haut*, 4m50. — *Larg.*, 2m50

ECOLE ITALIENNE.

102. — **Port d'Italie, avec figures et fabriques.**

Donné par l'Etat.

Toile. — *Haut.*, 0m66. — *Larg.*, 0m85

MEME ECOLE.

103. — **Fleurs et Fruits.**

Donné par l'Etat.

Toile. — *Haut.*, 0m45, — *Larg.*, 0m60

ECOLE ITALIENNE (XVe siècle).

104. — **Sainte Madeleine et sainte Dorothée.**

Don de l'Etat.

Bois. — *Haut.*, 0m20. — *Larg.*, 0m40

BLAIN DE FONTENAY. — Né à Caen, en 1654, mort à Paris en 1715. (Ecole française).

105. — **Fleurs et Vases.**

Cette toile, de même que celle qui porte le numéro 106, paraît avoir été détachée d'un panneau décoratif.

L'artiste a été constamment employé par l'Etat, soit

à Versailles, soit à Marly et à Trianon, sa réputation ne commença à faiblir qu'à l'apparition des tableaux de fleurs de Van Huysum qui lui fut du reste, très supérieur par la vigueur du coloris.

Toile. — *Haut.*, 0m48 *Larg.*, 0m60

MEME AUTEUR.

106. — Même sujet et même origine.

VAN DICK (Antoine), né à Anvers en 1599, mort à Londres en 1641.

107. — Portrait d'homme, avec col plissé et pourpoint chamois, garni d'une sorte de capuchon en soie noire. — Ecole flamande.

Ce portrait a malheureusement subi une retouche à l'oreille qui est restée apparente.

Don de l'Etat.

Toile. — *Haut.*, 0m40. — *Larg.*, 0m33

ECOLE FLAMANDE.

108. — Intérieur de taverne.

Ce tableau presque entièrement couvert de retouches maladroites, ne permet pas de déterminer une attribution.

Donné par M. Mathon.

Bois. — *Haut.*, 0m34. — *Larg.*, 0m48

ECOLE FRANÇAISE MODERNE.

109. — **Une femme éclairée par une bougie allumée qu'elle tient à la main.** Un enfant est auprès d'elle.

Don de la Société archéologique.

Toile. — *Haut.*, 0m67. — *Larg.*, 0m56.

TABAR (GERMAIN-LEOPOLD), né à Paris, mort à Paris en 1869.

110. — **Un soir à Venise.**

Au fond, la ville de Venise éclairée par la lune ; sur le devant, une gondole chargée de promeneurs et de musiciens.

Ce tableau faisait partie du Salon de 1867. — Il est signé : *L. Tabar.*

Don de l'Etat.

Toile. — *Haut.*, 0m58. — *Larg.*, 1m15

GIDE (THÉOPHILE), né à Paris.

111. — **Une ambulance au couvent de Cimiés, à Nice.**

Quelques soldats blessés sont groupés dans le cloître. Dans le groupe de droite, un zouave, la tête enveloppée de bandages, semble se livrer à un long et émouvant récit ; à gauche, les arcades ouvertes laissent apercevoir la cour du couvent. Au fond, des franciscains causent avec des soldats, dont l'un se traîne péniblement à l'aide de béquilles.

Ce tableau a figuré au Salon de 1872. — Signé.

Don de l'Etat.

Peint sur toile. — *Haut.*, 0m63. — *Larg.*, 0m76.

BERNIER (CAMILLE), né à Colmar (Alsace).

112. — **L'Etang.**

Cette toile nous apporte ici, sur un sol brûlé par le soleil, toute la fraîcheur des prairies bretonnes. Ce n'est peut-être que l'étude exacte et consciencieuse d'un pauvre marécage de Bannalec, contrée habitée par l'artiste, mais l'interprétation en est si intelligente, et même si poétique qu'elle en a fait un site plein de charmes. L'*Illustration* qui a gravé ce tableau dans son compte-rendu du Salon de 1874, le décrivait ainsi : « C'est l'heure de midi, le « soleil rayonne, tout dans la nature est calme et semble « chercher le repos ; les chevaux que nous apercevons « à gauche se sont réfugiés à l'ombre, seul leur cama- « rade abaisse encore la tête sur le gazon de la prairie ; « c'est bien le paysage silencieux de la Bretagne, avec « ses fonds d'un vert clair et ses muets horizons, où « l'on entrevoit des vaches qui pataugent dans l'eau.

« Il se dégage de tout cet aspect une impression de « profonde tranquilité qui repose doucement la pensée.»

Cette toile a figuré au Salon de 1874. Don de l'auteur, membre fondateur du Musée. — Il est signé.

Toile. — *Haut.* 1m03. — *Larg.* 1m50

PALIZZI (JOSEPH), né à Naples (Italie).

113. — **Buffles dans la campagne de Pœstum.**

Une plaine muette, désolée, trouée par les flaques vertes d'une eau stagnante, et assombrie encore par un épais brouillard qui s'accroche lourdement aux montagnes de l'horizon et intercepte les rayons du ciel. Ça et là quelques temples en ruine !... Telle est la scène lugubre sur laquelle apparaît un nombreux troupeau de buffles en marche, aiguillonné par un homme à cheval. — Rien de plus triste, de plus vrai et de plus émouvant que cette toile, qui semble exhaler partout l'air empesté de la *mal'aria*. C'est, certes, une des plus attachantes compositions du maître. Elle a figuré au Salon de 1873.

Acquis par la Commission du Musée. — Signé : *J. Palizzi.*

Toile. — *Haut.*, 0m82. — *Larg.*, 1m24.

AUTEUR INCONNU (Ecole française moderne).

116. — **Tête de vieillard (étude).**

Don de la Société archéologique.

Toile. — *Haut*, 0m50. — *Larg.* 0m40

ALHEIM (JEAN D'), né a Sewsk, Russie.

115. — **Pins maritimes à Antibes.**

Sans chercher à voir dans ce paysage autre chose que ce que l'auteur a voulu y mettre, on peut avouer que sa vue parle à l'imagination et à l'âme à la fois. Ces pins, impénétrables aux lueurs du couchant, ont un air de calme et sévère orgueil qui repousse l'importunité du jour. La nuit leur plait, ils l'aiment, elle semble correspondre à un besoin de leur mystérieuse existence.

Ces grands pins, vieux comme le monde,
Dans leurs éternels rameaux verts,
De la nuit morne des hivers
Gardent la tristesse profonde.

La joyeuse lumière blonde
Veut enfin filtrer à travers
Leurs fronts noirs, ils ne sont ouverts
Qu'à l'orage qui les féconde !

Comme des cœurs pleins de soupçons
Pourquoi sont-ils sourds aux chansons
Du rossignol au clair de lune ?

Rien, brise, oiseau, rayon, ciel bleu,
Non, rien ne les déride ; — à Dieu
Garderaient-ils quelque rancune ?

A. BALUFFE.

Ce tableau a figuré au Salon de 1874.
Don de l'auteur, membre fondatour du Musée, signé.

Haut., 1^{m}45. — *Larg.*, 2^{m}40

RÉGNIER (ANTONY), né à Marseille.

116. — Le Rêve du Barde.

Ce barde n'est plus jeune. Sa barbe grisonnante tombe sur son sein nu. Il se soulève à demi du tertre sur lequel il vient de rêver et voudrait ressaisir le bonheur qui s'en va, personifié par un groupe d'amoureux qui se perd dans l'azur du fond. La lyre s'échappe de ses mains, l'heure de chanter l'amour est passée, mais il la ramassera peut-être plus tard pour chanter la patrie et Dieu.

Cette toile a figuré au Salon de 1870. Elle a été donnée par l'auteur, membre fondateur du Musée. Signé.

Bois. — *Haut.*, 1m25 — *Larg.*, 2m10

PONSON (Raphael).

117. — La Calanque de Port-Pin, près Cassis.

Sur une immense falaise, dont les rochers aux stratifications calcaires sont savamment étudiées, l'artiste a jeté des flots de lumière. Seuls quelques pins rabougris se tordent sur ce sol embrasé, et tachent de leur ombre cette éclatante surface. La Mer, que le contraste des rochers si vivement éclairés fait paraître sombre, clapote sous le soufle d'une brise légère. Deux pêcheurs animent seuls cette vaste solitude.

Don de l'auteur, membre fondateur du Musée. Signé.

Toile. — *Haut.*, 1m25. — *Larg.*, 2m10

PONSON (Aimé), né à Marseille.

118. — L'embarras du choix (vieux bouquins), rongés par un rat.

Cette étude, d'une très grande vérité de coloris, d'un faire très-habile a été donné par l'auteur, membre fondateur du Musée. Signé.

Toile. — *Haut.* 0m60. — *Larg.* 0m80.

COQUAND (Paul), né à Marseille.

119. — **Après la pluie, paysage.**

De vieilles chaumières aux toits aigus, tapissées de fleurs et de mousse. Un ciel qui se rassénère, après une vigoureuse ondée, qui a constellé le sol de flaques d'eau où barbottent à l'envi des canards. Puis plus loin des poules picorent. Partout une végétation vigoureuse qui secoue les dernières perles de l'orage. Tel est ce paysage, tout vit, grouille et verdoie, et semble heureux.

Donné par l'auteur, membre fondateur du Musée.

Toile. — *Haut.*, 0m86. — *Larg.*, 1m18

PELLET (Joseph) né à Béziers,

120. — **Le Bouquet au Pétunia blanc.**

Toile. — *Haut.*, 0m45 — *Larg.*, 0 37

MEME AUTEUR.

121. — **Une vieille Vache couchée. (Etude).**

Bois. — *Haut.* 0m15. — *Larg.* 0m26

MEME AUTEUR.

122. — **Le Lez sous Castelnau, paysage.**

Ces trois tableaux, très finement, très consciencieusement peints, et d'une grande solidité de couleur, ont été donnés par l'auteur, membre fondateur du Musée. (Signé).

Bois. — *Havt.*, 0m17. — *Larg.*, 0m12

ALMÈS (Paulin).

123. — Une lisière de forêt près Valenciennes (Nord).

Ce paysage, ou plutôt cette étude si consciencieuse et si cherchée, a été donnée par l'auteur, membre fondateur du Musée. — signé : *Almès.*

Toile. — *Haut.* 0m94. — *Larg.* 0m66

GUINDON (Marius), né à Marseille)

124. — Bergers dans la campagne de Rome.

Ce tableau rappelle la manière correcte et ferme de Loubon dont M. Guindon a été l'élève.

Don de l'auteur, membre fondateur du Musée. — signé : *Guindon.*

Toile. — *Haut.*, 0m58. — *Larg.*, 0m82

JORDAENS (Attribué à)

125. — La Femme à l'Enfant.

Cette toile est la reproduction réduite d'une œuvre connue ; la puissance de coloris qu'elle révèle permettrait de l'attribuer avec quelque certitude, au maître lui-même, si les retouches y étaient moins nombreuses; en l'état le doute subsiste.

Don de l'état.

Toile. — *Haut.*, 0m58. — *Larg.*, 0m38

SICARD (Nicolas), né à Lyon.

126. — **Un Chasseur malheureux.**

Surpris par une averse torrentielle, il regagne péniblement le logis, suivi de son chien. L'eau ruisselle sur ses habits, sur son arme, dont il abrite les batteries sous sa veste. Le chemin n'est plus qu'un ruisseau, le ciel est sombre, cependant une éclaircie laisse échapper un rayon de lumière qui dore un coin de terrain dans le fond.

Ce tableau qui a fait partie de l'exposition de la Société artistique de l'Hérault en 1874 a été acheté par la commission. Signé.

Toile. — *Haut.*, 0m96 — *Larg.*, 1m28

A. CLÉMENT (Achille), né à Marseille.

127. — **Paysage.**

L'artiste ne s'était fait connaître jusqu'ici que par ses marines, cette toile révèle des qualités de paysagiste ; elle est d'un effet un peu gris, mais le ton est vrai et fin. Elle pourrait être intitulée : Souvenir de la Camargue.

Don de l'auteur, membre fondateur du Musée.
Signé : *A. Clément.*

Bois. — *Haut.*, 0m30 — *Larg.*, 0m50

VIMAR, né à Marseille.

128. — **La promenade dans le parc.**

Uu cheval blanc aux allures vives, aux extrémités fines mais un peu grêles, monté par un jeune homme, telle est la donnée de cette petite toile qui révèle par tous ses détails une connaissance parfaite du *Sport*.

Don de l'auteur, membre fondateur du Musée. Signé.

Toile. — *Haut.*, 0m40. — *Larg.*, 0m30

TOCQUÉ (Louis), né à Paris en 1696, mort au Louvre en 1772.

129. — **Portrait de femme en costume de cour, grandeur naturelle.**

Ce portrait d'une grande fraîcheur de ton est un spécimen précieux du talent de Tocqué, qui fut un des plus habiles portraitistes du XVIIIe siècle. Bien que coloriste remarquable, il était surtout renommé, disent les chroniques de l'époque, pour son habileté à dessiner les dentelles et les broderies d'or ; en effet, ces détails sont admirablement rendus dans la toile que nous possédons.

Don de M. A. Chabert, membre fondateur.

Toile ovale. — *Haut.*, 0m67. — *Larg.*, 0m57

BONIFAZIO (Venesiano), né vers 1,500 à Venise, mort en 1,562 dans la même ville.

130. — **La Vierge et l'Enfant Jésus.**

Cette toile, bien qu'elle ait été un peu altérée par des retouches n'en est pas moins restée d'une coloration vigoureuse et d'un aspect ferme qui décèle le maître. Le surnom (Vénésiano, lui a été donné, pour le distinguer d'un autre peintre du même nom, né à Vérone.

Don de M. A. Chaber.

Toile. — Haut., 0^m49, — *Larg.*, 0^m42

LABOR (CHARLES), né à Béziers.

131. — La Plage de Vendres,

Essai d'une scène maritime du 1er siècle de notre ère. ; — au fond à gauche le temple de Vénus dont on retrouve encore les fondations, à l'horizon les monts volcaniques d'Agde et de Cette.

Don de l'auteur. (Signé).

Toile. — Haut., 0^m50. — *Larg.*, 0^m90

TIEPOLO (JEAN-DOMINIQUE), né à Venise en 1726, mort en 1777.

132. — Notre-Dame du Rosaire.

Jean-Baptiste Tiepolo mort à Madrid en 1770, eut deux fils qui furent tous les deux graveurs habiles. Dominique cependant laissa quelquefois le burin pour prendre le pinceau et sans arriver à la réputation de son pére, il a produit quelques toiles estimées au nombre desquelles nous rangeons celle que nous possédons.

Au pied de l'autel où trône la vierge portant l'Enfant

Jésus sont agenouillés deux personnages, dont l'un celui de droite est saint Antoine de Padoue, celui de gauche qui laisse apercevoir un silice sous des habits sacerdotaux paraît être un portrait, la figure allégorique de la Foi est dessinée en bas relief sur le devant de l'autel, au premier plan un ange repousse à l'aide d'un flambeau allumé l'*incrédulité* représentée par un hydre à cinq têtes.

Ce tableau porte une signature apocryphe et une date probable 1772.

Don de M. A. Chaber.

Toile. — *Haut.*, 0m89. — *Larg.*, 0m69

ROCCO MARCONI (Attribué à), né à Trévise et mort à Venise à la fin du XVe siècle.

133. — Tête du Christ.

Ce peintre bien qu'il ne soit pas né à Venise est généralement classé parmi les premiers maîtres de cet école. Il fut l'élève de Palma (Vecchio) et s'en appropria le coloris ; c'est ce que révèle encore la petite toile dont nous parlons en dépit des nombreux repeints qui la recouvrent.

Don de M. A. Chaber.

Toile. — *Haut.*, 0m46. — *Larg.*, 0m38

CARPIONE né à Venise vers 1600.

134. — Sainte-Madeleine.

Carpione a été estimé à cause de la gracieuse expression qu'il donnait à toutes les figures, qu'il composait, notre Ste-Madeleine semble faite tout exprès pour confirmer un si bel éloge décerné par les contemporains du peintre. Rien de plus avenant et de plus coquet que cette pécheresse.

La toile porte la signature du peintre et la date de 1642, elle a un peu souffert et a été par conséquent réparée.

Don de M. A Chaber.

Toile. — Haut., $0^{m}75$. — *Larg.*, $0^{m}60$

AUTEUR INCONNU.

135. — Courses de Gondoles sur le grand canal à Venise.

Cette composition, d'une couleur assez ferme et qui (décèle l'école de Canaletto), est malheureusement fort critiquable sous le rapport de la perspective. Son principal mérite est de donner une idée juste et assez détaillée des fêtes vénitiennes au XVIIe siècle.

Don de M. A. Chaber.

Toile. — Haut., $0^{m}50$. — *Larg.*, $0^{m}70$.

CASANOVA (François).

136. — Paysage avec animaux.

Comme nous l'avons dit plus haut, Casanova est né à Londres et sa famille était d'origine vénitienne, il appartient cependant à l'école Française, car arrivé en 1751 à

Paris à l'âge de 21 ans, il était déjà en 1762 membre de l'Académie. Si par ses nombreux tableaux de bataille, il s'est fait l'émule des Bourguignon, des Courtois et des Parrocel, par ses paysages plus rares, il a lutté avec l'école hollandaise. Celui-ci et son pendant inscrit ci-après, ont d'autant plus de prix que ces toiles sont deux des plus importantes et des plus complètes que l'on connaisse de lui de ce dernier genre.

— Casanova est le frère du fameux chevalier Casanova de Seingaldt.

Don de M. R. Sabatier, ministre plénipotentiaire membre fondateur du Musée.

Toile. — *Haut.*, 1m12. — *Larg.*, 1m55

MEME AUTEUR.

137. — **L'âne renversé.**

Pendant du précédent.

Don de M. R. Sabatier.

Même dimension.

MIEL (Jean), né près d'Anvers en 1599, mort en 1664. — (Ecole Flamande).

138. — **Le repos des Champs.**

Ce petit cadre si lumineux et où la finesse du pinceau n'atténue en rien la vigueur de l'effet, contient en abrégé toutes les spécialités du maître. Un de ses meilleurs élèves a été de Breckelincamp dont nous possédons une importante création « Le Concert de Famille ».

Il a été apporté de Bruxelles par M. A. de Faniez un de nos compatriotes et cédé par lui à M. R. Sabatier qui en a fait don au Musée. Il est signé J. M. 1652.

Bois. — *Haut.*, 0m32. — *Larg.*, 0m41

CARDI DA CIGOLI (attribué à), né à Florence en 1569, mort à Rome en 1615.

139. — **Judith.**

La puissance de coloris de cette toile fournit une preuve de plus à la tradition qui nous apprend les efforts tentés au XVIe siècle, par quelques peintres Florentins pour se rapprocher des maîtres Vénitiens en délaissant un peu les enseignements de l'école Michel-Ange. — La tête paraît avoir été légèrement réparée.

Toile. — *Haut.*, 1m21. — *Larg.*, 0m96

SYLVESTRE (Joseph), né à Béziers.

140. — **La Mort de Sénèque.**

« Après des exhortations qui s'adressaient à tous, Sénèque embrassa sa femme et la conjura de modérer sa peine et de chercher dans la contemplation de la vie et des vertus de son époux, un soulagement au regret de sa perte. Pauline répond qu'elle veut mourir aussi, et demande l'exécuteur pour la frapper. Sénèque ne voulant pas lui ravir cette gloire : « Je vous avais montré, dit-il, « ce qui pouvait vous rendre la vie plus douce, vous « préférez l'honneur de mourir ; je ne serai pas jaloux « d'un si grand exemple périssons tous deux avec un « égal courage. » Aussitôt ils s'ouvrent avec le même fer les veines du bras. Sénèque qui affaibli par l'âge et par un régime austère perdait trop lentement son sang, se fait aussi couper les veines des jambes. Fatigué par des douleurs cruelles et craignant d'abattre le courage de sa femme par ses propres souffrances ou d'être accablé lui-même à la vue des tourments qu'elle endurait, il lui persuade de se laisser emporter dans une autre chambre et toujours éloquent jusqu'au moment suprême, il fit appeler des Secrétaires à qui il dicta ce discours qui s'est répandu dans le public.

Tacite Ann. Liv. XV.

Telle est la page du grand historien Romain que notre jeune compatriote a eu l'audace d'aborder et le bonheur de faire revivre sur la toile avec une énergie peu commune. — Sénèque appuyé à la baignoire où il va être bientôt contraint à entrer, occupe le centre de la composition. La tête du philosophe est expressive et rappelle le buste que nous a laissé de lui l'antiquité ; le sang ruisselle de ses veines, la main gauche tombe inerte et la mort s'en empare ; la droite se relève dans un suprême effort, pour accentuer la parole que recueillent les Secrétaires. A gauche un groupe d'amis et de disciples dont les gestes plus ou moins violients font ressortir par un contraste peut-être trop cherché la pose calme et rigide du philosophe mourant. Enfin un Centurion impassible tenant l'ordre de Néron à la main. Dans le fond on aperçoit Pauline emportée évanouie par un affranchi.

Ce tableau exposé au Salon de 1875, a obtenu la médaille de 2e classe. Signé : *Sylvestre.* — Figure grandeur nature.

Don de l'Etat.

Toile. — *Haut.*, 2m57 *Larg.*, 2m15

ÉCOLE VENITIENNE.

141. — **Sainte-Madeleine.**

Ce tableau a subi de nombreuses retouches qui ne permettent pas de formuler une attribution.

Don de M. A. Chaber.

Toile. — *Haut.*, 0^m55. — *Larg.*, 0^m43

PARIS BORDONE (Ecole de), né à Trévise en 1500.

142. — **Le dernier Souper de Jésus-Christ avec ses apôtres.**

La couleur des premiers maîtres Vénitiens donne assez franchement sa note dans cette petite esquisse qui peut être attribuée à l'école de Bordone, malheureusement elle a été altérée par de nombreuses retouches.

Don de M. A. Chaber.

Toile. — *Haut.*, 0_m55. — *Larg.*, 1^m00

BADÉLE (ANTONIO attribué à), né a Bergame.

143. — **La Vierge et l'Enfant Jésus.**

Badèle a le mérite d'avoir été le premier maître de P. Véronèse. On lui doit encore d'avoir commencé la réaction contre l'art gothique, ses compositions sont gracieuses et sa couleur reste claire et argentée.

Don de M. A. Chaber.

Toile. — *Haut.*, 0^m45. — *Larg.*, 0^m40

BERTIN (Jean-Victor), né à Paris en 1775, mort en 1842.

144. — **Charibert égaré à la Chasse. Paysage historique.**

Cette toile, une des plus importantes qu'ait produit l'artiste, faisait partie de la collection du Louvre.

Elle a été donnée par l'Etat. — Signé : *J. V. Bertin.*

Toile. — *Haut.*, 1m87 *Larg.*, 2m78

HALLÉ (Claude Gui), né à Paris en 1652, mort en 1726.

145. — **St-Paul à Lystre.**

« Il y avait à Lystre un homme impotant de ses jambes, qui était assis, il était perclus dès sa naissance et il n'avait jamais marché.

Il entendit parler Paul, qui ayant arrêté ses yeux sur lui, et voyant qu'il avait la foi pour être guéri.

Dit à haute voix : « Lève-toi et tiens-toi droit sur tes « pieds. » Il se leva en sautant et il marcha. »

Actes des Sts-A. XIV. — 10.

Claude Hallé ami de Lebrun fût reçu de l'Académie en 1682. C'est à lui qu'on doit les décorations de Meudon et de Trianon. Ce tableau, comme le précédent, faisait partie de la collection du Louvre.

Don de l'Etat.

Toile. — *Haut.* 0m89. — *Larg.* 0m73

LAURENS (JEAN-PAUL), né à Fourquevaux (Haute-Garonne).

146. — **Funérailles de Guillaume le Conquérant.**

Le peintre s'est inspiré d'une des pages les plus attachantes de l'historien de la conquête de l'Angleterre, Augustin Thierry un grand coloriste avec lequel il a heureusement lutté.

« L'inhumation du grand chef, du *fameux baron* comme disent les chroniqueurs de l'époque, ne s'acheva pas sans de nouveaux incidents... » La messe était achevée, on allait descendre le corps, lorsqu'un homme sortant de la foule, dit à haute voix : « Clercs, Evêques, le « terrain est à moi ; c'était l'emplacement de la maison « de mon père ; l'homme pour lequel vous priez, me l'a « pris de force pour y bâtir son église. Je n'ai pas vendu « ma terre, je ne l'ai point engagée, je ne l'ai point forfaite, je ne l'ai point donnée, elle est de mon droit, je « la réclame. Au nom de Dieu, je défends que le corps « du ravisseur y soit placé et qu'on le couvre de ma « glèbe. »

L'homme qui parla ainsi se nommait Asselin, fils d'Arthur, et tous les assistants confirmèrent la vérité de ce qu'il avait dit.

Le cortège n'est pas nombreux : deux ou trois évêques dont on voit éclater les mîtres en toile blanche, et cinq à six clercs ou laïques avaient arrangé en hâte, une sorte de procession. Quant aux Seigneurs de la cour, ils s'étaient empressés, dès que le roi eut expiré, d'aller veiller sur leurs intérêts et leurs biens ; d'ailleurs un incendie qui venait d'éclater dans la ville de Caen, avait fait courir au feu tout le monde ; pas le moindre groupe de curieux derrière les grilles...

Acheté à l'exposition de Londres par la Commission. Il a figuré à l'exposition universelle de Paris en 1878, sous le numéro 519. — Signé : *J. P. Laurens.*

Toile. — *Haut.*, 1m86. — *Larg.*, 1m15

RIBERA (José), dit l'Espagnolet, né à Jativa près Valence (Espagne) en 1588, mort à Naples en 1656.

147. — **Martyre de St-Sébastien** (copie).

Le Saint est attaché à un arbre par le bras droit ; sa poitrine et son bras gauche sont traversés par des flèches. Il s'affaisse et semble exhaler le dernier soupir. Cette reproduction d'un tableau du maître, portant au Musée de Madrid, le numéro 125, est très ancienne et très fidèle. Elle a été découverte sur la place de la Citadelle par M. Heirisson au commencement de ce siécle parmi les objets sans valeur qui y sont mis en vente le vendredi. Le Musée n'existant pas alors, M. Heirisson déposa cette toile au greffe du Tribunal de commerce dont il était président. Elle y est demeurée jusqu'au moment où une intelligente décision de notre magistrature consulaire en date de 1876, en a ordonné le dépôt au Musée en réservant toutefois et très expressément le droit de propriété au Tribunal de commerce.

Toile. — *Haut.* 1m29. — *Larg.* 0m91.

VIEN (Joseph-Marie).

148. — **Un Lansquenet.**

C'est un personnage à mi-corps portant brassards et

salade ; un peu plus grand que nature. Son attitude légèrement forcée indique que cette toile n'est guère qu'une étude faite pour une grande composition du maître.

Acheté par la Commission.

Toile. — *Haut.*, 0m57. — *Larg.*, 0m50

RICARD (Louis-Gustave), né à Marseille en 1823, mort à Paris en 1873.

149. — **Tête d'homme en cape bleue.**

Cette esquisse a été trouvée dans les cartons de l'éminent portraitiste ; bien qu'elle n'ait pas d'importance, elle donne une indication de son puissant coloris.

Toile. — *Haut.*, 0m17, — *Larg.*, 0m14

SUBLEYRAS (Pierre, Attribué à), né à Uzès en 1699, mort à Rome en 1749.

150. — **Jésus sur le Golgotha.**

Simple et rapide esquisse, altérée par de trop nombreuses retouches.

Toile. — *Haut*., 0m41. — *Larg.*, 0m33.

ROQUEPLAN (Joseph-Etienne-Camille), né à Malemort (Bouches-du-Rhône) en 1802, mort à Paris en 1855.

151. — **Jeune fille à la fontaine.**

Cette toile excessivement soignée appartient à la première manière du maître. — La jeune fille est coiffée d'un foulard foncé qui se croise sous son menton. Elle est vêtue d'une robe bleue qui se relève sur un jupon rouge ; elle fait face au spectateur et toute rêveuse oublie de remplir la cruche qu'elle tient à la main — une tasse en fer est suspendue par une chaîne à la fontaine. Dans le fond un paysage avec animaux.

Acheté par la Commission. — Signé : *C. Roqueplan.*

Bois. — *Haut.*, 0m33. — *Larg.*, 0m25

FLERS (Camille), né à Paris, mort dans la même ville en 1868.

152. — Prairie à Aumale.

Au fond les collines de la Normandie, au second plan un étang dont les vannes occupent le milieu de la toile ; sur le côté droit un bouquet de saules ; au premier plan la prairie et quelques vaches au repos. Salon 1842.

Acheté par la Commission. — Signé : *Flers.*

Toile. — *Haut.*, 0m40. — *Larg.*, 0m59

PERROT (Adolphe), né à Nîmes, (Gard).

153. — Son Portrait.

Les nombreux séjours que l'artiste a faits dans notre ville l'avaient pour ainsi dire rendu notre compatriote ; il en est peu qui y aient été accueillis avec autant d'empressement ; c'est par centaines qu'il faudrait compter les portraits qu'il y a peints. L'hommage spontané qu'il a fait du sien au Musée est un acte de reconnaissance. —

Cette œuvre d'une facture large et ferme, en même temps d'un coloris puissant et vrai, révèle suffisamment les qualités de l'artiste et justifie bien le succès qu'il a obtenu ici.

Don de l'auteur. Signé.

Toile. — *Haut.* 0^m64. — *Larg.* 0^m53

LUMINAIS (Evariste-Vital).

154.— **Repos d'un chasseur gaulois.**

La composition de ce tableau est des plus simples et la dimension en est fort modeste, cependant l'artiste en a rarement produit d'aussi complet sous le rapport de la couleur et de l'effet. — La pose du chasseur traduit bien la fatigue, il s'est laissé tomber sur le gazon d'une clairière inondée d'une lumière argentée ; son bouclier, son casque, son arc et ses flèches sont épars dans l'herbe près de lui. Sa tête s'appuie à un tronc d'arbre déraciné, ses bras sont nus, et de la main droite, il caresse un chien griffon à poil blanc qui s'endort harassé comme son maître ; deux autres chiens couplés sont prés du chasseur. L'un, un épagneul noir taché de feu, sonde d'un œil inquiet le fourré de gauche, et l'autre un petit briquet à poil roux guette un oiseau de proie qui s'avance à plein vol.

Ce tableau à figuré au salon 1877 et à l'exposition artistique de Londres de la même année. Signé : *Luminais.*

Il a été acheté par la Commission.

Toile. — *Haut.*, 0^m53. — *Larg.*, 0^m70

CARTERON (Eugène), né à Paris.

155. — **L'Enfant prodigue.**

Il est assis au milieu du troupeau confié à sa garde, c'est encore l'heure de la pénitence, mais on sent que l'heure du repentir est depuis longtemps venue. Un bras appuyé au rocher, l'autre sur son genou la tête penchée, il médite le retour au toit paternel. Ses membres amaigris, ses habits en loques trahissent une profonde misère — deux bergers demi nus sont devant lui, et leur pose, leur air goguenard, disent assez qu'ils ne sont pas venus là pour compatir à sa souffrance.

Ce tableau a été médaillé au Salon de 1878. — Signé : *Carteron.*

Don de l'Etat. Figures grandeur nature.

Bois. — *Haut.*, 1m88 — *Larg.*, 2m59

CHAUVIER DE LÉON (Georges-Ernest), né à Paris.

156. — **Pêcherie en Camargue.**

Sur le second plan à gauche une cabane construite en pisé et en planches d'un aspect pittoresque, au fond l'étang est tout argenté par un coup de soleil puissant et vrai. — Sur le devant un groupe de pêcheur racommodant et préparant des filets.

Donné par l'auteur membre fondateur du Musée.

Toile. — *Haut.*, 0m54. — *Larg.*, 0m02

GLAIZE (Pierre-Paul-Léon).

157. — **La Bouquetière du Club.**

Rien de plus charmant et en même temps de plus simple que cette composition ; le succès qu'elle a obtenu au salon de 1874 ne saurait étonner. Cette jeune fille coquette, car on soupçonne bien qu'elle doit l'être un peu, est cependant modestement assise sur un banc de pierre à la porte d'un club ; elle expose sous les yeux des passants avec un petit sourire mélancolique, l'odorante marchandise de l'éventaire qu'elle tient sur ses genoux. Mais il ne saurait tarder à être vidé car les fleurs sont bien fraîches et la marchande bien jolie.

Acheté par la Commission. Figure grandeur nature. Signé : *P. L. Glaize*, en gris et dans le haut.

Toile. — *Haut.*, 1m28. — *Larg.*, 0m97

PAUL (Louis).

158. — **Saint-Sébastien,** d'après Ribot.

Cette copie fidèlement rendue d'après le tableau actuellement placé au palais du Luxembourg a été donné par M. Paul au moment où il était pensionnaire de la ville à l'école des Beaux-Arts.

Toile. — *Haut.*, 0m72. — *Larg.*, 1m00

PELEZ (Fernand).

159. — **Mort de l'empereur Commode.**

Marcia informée que l'empereur avait résolu sa mort, le fait étrangler dans le bain par Narcisse, un vigoureux Athlète. Tel est le sujet que s'est imposé l'artiste et qu'il a rendu avec une satifaisante énergie. Une terrible lutte vient d'avoir lieu, le corps de Commode déjà pâli par la mort, est étendu sur une peau de tigre, au premier plan, les plaques livides qui marbrent le cou indiquent comment le crime a été accompli. C'était un terrible lutteur que ce Narcisse a en juger par la musculature accentuée dont l'artiste l'a qualifié. Mais il fallait en effet un colosse pour terrasser cet odieux tyran qui se glorifiait de descendre d'Hercule et d'en posséder la force. La concubine Marcia, à demi cachée sous sa *lacerna* écarte anxieusement un coin du rideau du fond et d'un œil ardent interroge toute la scène. L'Athlète soulevant un bras crispé par l'effort récent, sans quitter le cadavre du vaincu dont son genou oppresse encore la poitrine, indique par un geste d'une expressive éloquence que tout est terminé et qu'elle n'a désormais plus rien à craindre des projets de l'empereur.

Ce tableau exposé au salon de 1879 a été récompensé par le jury d'une médaille de 2ᵉ classe. — Signé : *Pelez*. Figure grandeur nature.

Il a été donné par l'Etat la même année.

Toile. — *Haut.*, 3ᵐ73. — *Larg.* 2ᵐ50

BOURDON (SÉBASTIEN), né à Montpellier en 1616, mort à Paris en 1671.

160. — **Mort de Didon.**

Du haut de son palais, Didon ayant vu fuir sur la mer, la flotte troyenne, s'abandonne à sa douleur et égarée par le désespoir, elle a résolu de mourir. Appuyée au bûcher qu'elle avait fait dresser elle tire du fourreau le glaive d'Enée et se perce le sein. Ses suivantes accourent et voyant le fer s'échapper de ses mains défaillantes, remplissent le palais de leurs gémissements. Sa sœur qui a franchi les marches du bûcher la presse dans ses bras et cherche à arrêter le sang qui coule à flots de la blessure,

Des soldats carthaginois regardent cette scène avec stupéfaction, tandis que la messagère de l'Olympe, la blonde Iris envoyée par Junon met fin aux souffrances de la reine en coupant le cheveu qui la retenait à la vie.

Cette toile comme celle de Jacques Stella inscrite au numéro 9, a fait partie de la galerie du cardinal Fesch.

Acquise par la Commission.

Toile. — *Haut.*, 0m49. — *Larg.*, 0m43

GUIDE (Guide-René dit le), né à Boulogne en 1575, mort à Rome en 1642.

161. — Les Adieux de Cléopâtre à Marc-Antoine.

La reine Cléopâtre, les larmes aux yeux et avec une expression de découragement et de tristesse bien marquée, tend la main au Triumvir qui va se séparer d'elle pour aller prendre le commandement de son armée ; une suivante de Cléopâtre, assiste à la dernière entrevue. Ces personnages sont de grandeur nature et représentés à mi-corps.

Cette toile qui allie à une facture large et magistrale une grande recherche d'éxécution, ainsi qu'un puissant coloris à une véritable finesse des détails, date de la meilleure époque du maître.

Elle a été achetée par la Commission à la vente faite en 1882 de la célèbre collection de M. Tencé de Lille.

Figures grandeur nature.

Toile. — *Haut.*, 1m25. — *Larg.*, 1m53

PARRQCEL (Joseph), né à Brignolles en 1648 mort à Paris en 1704.

162. — **Bataille entre Maures et Castillans.**

Au centre du tableau un cavalier espagnol chargeant à fond, décharge à bout portant en passant son pistolet sur un ennemi qui le menace de son cimeterre. Celui-ci est ceint d'un turban et monte un cheval blanc. — Dans un coin du second plan à gauche, des Castillans démontés se groupent ponr défendre le drapeau espagnol. Au fond, des combattants se perdent dans des nuages de fumée.

Ce tableau a été acheté par la Commission à M. Pèret fils ; il avait longtemps fait partie du cabinet de M. Azéma. dont il formait l'intérêt principal. Les experts l'avaient d'abord attribué au Bourguignon, mais l'attribution à Joseph-Parrocel que nous maintenons ne peut plus être contestée. Joseph a été la première illustration de cette famille, qui a donné à la France plusieurs peintres de mérite.

Toile. — *Haut.*, $0^{m}91$. — *Larg.*, $1^{m}60$

ROUX (Georges), né à Béziers.

163. — **Macbeth.**

« Arrière ! Ote-toi de ma vue, que la terre te cache ! Tes os sont sans moëlle, ton sang est froid... il n'y a point de vie dans les yeux vitreux que tu fixes sur moi.

Lady Macbeth (aux Seigneurs), ne le regardez pas — (à Macbeth) es-tu un homme ?...

Macbeth — Oui ! et un homme intrépide, puisque j'ose fixer un objet capable de faire reculer d'effroi le démon lui-même.... «

Acte III, Scène IV, (Shkespeare).

Telle est la scène terrible dont s'est inspiré le jeune

artiste biterrois, et qu'il a su rendre dans son énergique réalité. Ce tableau exposé au salon de 1882, y a obtenu assez de succès pour déterminer la Commission à en doter le Musée. — Signé : *Georges Roux.*

Toile. — *Haut.*, 2^{m}26. — *Larg.*, 1^{m}64.

SYLVESTRE (Joseph-Noel), né à Béziers.

164. — **Bataille de Trasymène.**

Le gaulois Ducar auxiliaire carthaginois qui vient de trancher la tête du Consul Romain, excite ses compagnons au combat en leur montrant le trophée sanglant ; un tribun militaire romain à droite détourne les yeux avec douleur et se contente de repousser du geste les piques carthaginoises qui le menacent. Au fond la mêlée des combattants dans toute sa furie.

Cette toile a fait partie comme la précédente du Salon de 1882, elle y a été acquise par l'Etat qui en a fait don au Musée. — Signé : *Sylvestre.* — Figures grandeur nature.

Toile. — *Haut.*, 2^{m}82. — *Larg.*, 2^{m}20

DECAMPS (Gabriel), né à Paris en 1803, mort à Fontainebleau en 1860.

165. — **Vue prise en Hollande.**

C'est un ciel gris et argenté sur lequel se détache la silhouette d'un vieux moulin à vent qui a perdu son aplomb. — Deux troncs d'arbres lui servent d'arc-boutant — à gauche, jouent deux enfants largement indiqués en pleine pâte.

Cette étude d'une grande puissance de coloris et d'une exécution magistrale, faisait partie du cabinet de M. Arsène Houssaye ; elle avait dû être acquise en 1850 au moment de la vente publique organisée par les amis de M. Decamps. A cette époque, le grand artiste était atteint d'une maladie qu'il croyait lui-même incurable et qui paraissait devoir briser sa carrière au moment même où son talent était à son apogée.

Acheté par la Commission.

Toile. — Haut., 0m54 *Larg.*, 0m43

COT (Pierre-Auguste), né à Bédarieux en 1837 mort à Paris en 1883.

166.— Ste-Elisabeth de Hongrie soignant des malades,

Ce tableau avait été demandé par la Hongrie et Cot en avait accepté la commande avec d'autant plus d'empressement qu'il était attiré par la sévère majesté du sujet. Depuis *Promethée,* un de ses premiers succès au Salon, il ne s'était guère adonné qu'à des compositions gracieuses et légères comme son célèbre *Printemps* Il y réussissait à merveille mais il n'était pas fâché d'avoir une occasion de montrer les côtés plus solides et plus larges de son talent, ce sujet là lui avait fournie et il s'y préparait avec ferveur. Rien de plus intéressant à examiner dans son atelier du Mas Tantajo, si tristement vide aujourd'hui, que les études préparatoires à laquelle il se livrait. Son premier projet est relativement assez simple mais il le développe et l'élargit sans cesse avant de s'arrêter définitivement à l'esquisse que nous avons sous les yeux et qui fait si vivement regretter que le tableau n'ait pas été exécuté.

En voici la description rapide :

Dans une salle basse d'un palais, ornée luxueusement des richesses de l'architecture romane, s'agite une foule nombreuse, où serviteurs et malades se trouvent mêlés. La jeune reine au centre de la scène, vêtue d'une robe de laine blanche dont la simplicité n'exclut ni l'élégance, ni la distinction, s'occupe d'un jeune malade, qui, vaincu par la douleur retombe évanoui dans les bras de ceux qui viennent de l'apporter. A gauche les suivantes de la reine la secondent de leur mieux, préparent les compresses, ou sèchent des linges fumants à un brazero ; à côté d'elle, un groupe de malingreux, d'ont on va s'occuper commence par dégager les blessures et ôte les bandages — à droite, s'espace un autre groupe de mendiants qui n'aura son tour que plus tard, quand la reine ouvrira la riche aumônière suspendue à sa ceinture. Enfin, dans le fond, on aperçoit un vieillard qui déjà secouru, regagne en s'aidant de ses béquilles, l'escalier de sortie inondé des rayons du soleil couchant.

Donné par Madame Veuve Cot, fondatrice du Musée

Toile. — *Haut.*, 0m48. — *Larg.*, 0m80

BRUNEL NEUVILLE (ARTHUR-ALFRED), né à Paris.

167 — **Nature morte.**

Au fond une corbeille rempli de groseilles rouges et de groseilles blanches, sur le devant quelques prunes (reine-claude) très habilement peintes et d'une grande vérité de ton.

Bois. — *Haut.*, 0m35 — *Larg.*, 0m65

CARRACHE (Annibal) attribué à
(Ecole Bolonaise) né à Bologne en 1560, mort à Rome en 1609.

168. — Hercule et Omphale.

Omphale s'emparant de la lourde massue du héros, y appuie sa main délicate, elle s'est coiffée de la peau de lion et ainsi armée, sourit à Hercule qui de son côté à pris un tambour de basque qu'il agite gauchement. Groupe assis.

Cette toile à été longtemps célèbre dans l'Aude ; elle faisait partie d'une galerie formée par un ancien préfet du département dans les environs de Montolieu. C'est là que la acquise M. Antonin Chuchet, qui en a fait don au Musée.

Toile. — *Haut.*, 1m50. — *Larg.*, 1m10

PELLET (Joseph), né à Béziers en 1814, mort à Montpellier en 1885.

169. — L'Aire, paysage avec animaux.

A gauche des meules de paille détachent leur tons dorés sur un paysage vigoureusement accentué qui nous paraît reproduire un cite de l'Aude. Quatre chevaux bais attelés à un rouleau à dépiquer piétinent des gerbes répandues sur le sol. — A droite un jeune garçon se détachant du groupe des travailleurs vient chasser des poules qui picorent le grain. — Sur le devant deux bœufs robustes momentanément détachés de l'attelage et tout à côté sur le même plan quelques canards dormant au soleil.

Ce tableau, ainsi que ceux qui figurent ci-après aux numéros 170, 171 et 172 ont été légués par l'auteur à sa ville natale.

Toile. — *Haut.*, 0m30. — *Larg.*, 0m40

MEME AUTEUR.

170. — **Fleurs.**

Un petit bouton de roses blanches, une pensée et quelautres fleurettes, sont déposées au premier plan sur une tablette de marbre, sur laquelle est posée une coupe élégante contenant des bijoux.

Toile. — *Haut.*, 0m28. — *Larg.*, 0m40

MEME AUTEUR.

171. — **Etude de Vaches, fond de paysage.**

Toile. — *Haut.*, 0m20. — *Larg.*, 0m25

MEME AUTEUR.

172. — **Une étable de vaches.**

Toile. — *Haut.* 0m20. — *Larg.* 0m25

MICHEL (Ernest), né à Montpellier.

173. — **L'Heureuse mère.**

Une jeune femme assise et jouant avec son enfant, l'élève en l'air et parait joyeuse de sentir s'appuyer sur sa tête, le pied rose du bébé — cette petite scène d'éffusion maternelle est regardée par une jeune fille rieuse qui occupe le fond. — Les personnages sont de grandeur nature.

A figuré au Salon de 1883 et à l'exposition universelle de 1889.

Acheté par la Commission. — Signé. Grandeur nature.

Toile. — *Haut.*, 1m80. — *Larg.*, 1 10

VOIRIN (Léon-Joseph), né à Nancy (Meurthe).

174. — **L'Escorte d'honneur.**

Au fond de la toile, on voit s'éloignant au trot un général suivi de son officier d'ordonnance et du porte fanion. En arrière de lui et au premier plan, un peloton de dragons à cheval.

Achetée par la Commission.

Toile. — *Haut.*, 0m35. — *Larg.*, 0m55.

MATET (Charles-Paulin-François), né à Montpellier en 1791, mort dans la même ville en 1870. Elève d'Harant.

175. — **Portrait du baron de Sénegra.**

Le baron de Sénegra, avant de se retirer daus son domaine de Perdiguier près Béziers avait été le secrétaire et l'ami du roi de Hollande, Louis Bonaparte.

Don de Mlle de Sénegra. — Signé. Grandeur nature.

Toile. — *Haut.*, 0m90. — *Larg.*, 0m50

LAFON (Jacques-Emile), né à Périgueux.

176. — **St-Jean de Dieu.**

Le christ apparaissant à St-Jean de Dieu, fondateur de l'ordre des hospitaliers de ce nom. — Il s'était d'abord présenté à lui sous la figure d'un pauvre pélerin, après avoir été l'objet de ses soins, il lui dit : « Ce que tu as fait à ce pauvre, c'est à moi que tu l'as fait ! »

Telle est la scène, ou pour mieux dire le haut enseignement de charité, que l'artiste à consigné sur la toile et dont il a heureusement triomphé. Il serait difficile de rendre avec plus de force la divinité du christ et la terreur mêlée de respect et d'admiration du saint prosterné à ses pieds.

Ce tableau qui avait mérité en 1859 la décoration de la légion d'honneur à l'auteur, fut acheté alors par l'Etat et disposé après la fermeture du Salon au musée du Luxembourg. C'est de là qu'il a été retiré en 1886, pour être déposé dans celui de Béziers. — Signé. Figure un peu moindre que nature.

Toile. — Haut., 1m48. — *Larg.*, 1m70

LAGIER (Emile), né à Marseille,

177. — Les Etameurs.

Dans le réduit ou ils ont établi leur atelier, trois hommes dont les traits accentués et l'habillement décèlent l'origine bohémienne, sont occupés à rétamer de vieilles casseroles en fer. — A gauche un enfant agenouillé près d'un soufflet de forge ravive le feu sous l'étain en fusion, plus au fond du même côté une vieille femme apporte un ustensile de cuisine à réparer.

Le lieu de la scène est un peu obscur, mais ce défaut a été pour ainsi dire voulu, l'artiste à pensé qu'il ajouterait à l'éclat de la lumière qu'il a adroitement jetée sur les parties les plus intéressantes de la scène.

Cet heureux début d'un jeune artiste marseillais, élève de son père, a été encouragé au Salon de 1884 ou il a figuré, par une mention honorable.

Don de l'Etat en 1886. Signé. Figure grandeur nature.

Toile. — Haut., 2m00. — *Larg.*, 2m60

TASSAERT (Nicolas-François-Octave), né à Paris en 1800, mort dans la même ville en 1874. Elève de Lethierre.

178. — Le rêve de Jésus.

Il entrevoit au dessus de sa tête, une guirlande d'anges qui lui jettent des fleurs. Signé et daté de 1156, acheté à la vente de M. John Soulnier.

Toile. — *Haut*, 0m30. — *Larg.* 0m22

MARILHAT (Prosper), né à Vertaizon (Puy-de-Dôme) en 1811, mort à Paris en 1844. Elève de Roqueplan.

199. — Environs du Caire.

Cette esquisse provient de la vente du cabinet de M. de Kulture, elle lui avait été donnée par l'auteur qui était son ami. Achetée par la commission.

Bois. — *Haut.*, 0m21. *Larg.*, 0m01

DELPY (Camille), né à Joigny (Yonne).

180. — La grande rue du village d'Auvers.

Auvers est une petite localité du département de Seine-et-Oise ou Daubigny a fait de nombreuses stations. Delpy a été un de ses élèves. Cette étude suffit à le démontrer. — Achat de la Commission.

Toile. — *Haut.*, 0m17, — *Larg.*, 0m14

HUET (Paul), né à Paris en 1804, mort dans la même ville en 1869.

181. — **La ferme de Bourron** (Seine-et-Marne).

C'est une simple étude faite sur nature.

Les débuts de Paul Huet au Salon vers 1830, donnérent lieu à de grands débats, ce novateur venait troubler la tranquilité de l'école de Bertin qui régnait en souveraine maîtresse. Il fut le premier à oser copier la nature telle qu'elle lui semblait qu'elle était en réalité et à ouvrir ainsi une voie nouvelle aux paysagistes français.

Cette toile faisait partie du cabinet de M. A. de Faniez, notre compatriote qui en a fait don au Musée dont il est devenu un des fondateurs. — Signé.

Toile. — Haut., 0m35. — *Larg.*, 0m55

MOYA (Pedro de) né à Grenade en 1610, mort à Séville en 1666.

182. — **St-François d'Assise.**

Le Saint est représenté debout les bras croisés sur la poitrine. Sa physionnomie indique le moment d'une de ses visions séraphiques qui sont décrites dans sa vie, et on aperçoit sur ses mains la trace des clous dont l'ange du rêve les a percées.

Voici ce qu'on raconte de particulier à Moya dans les ouvrages qui s'occupent de l'école de Venise : Il paraît que séduit par le talent de Van-Dyck dont on venait d'apporter quelques toiles en Espagne il alla rejoindre ce maître en Angleterre, fut admis dans son atelier et y restajusqu'en 1641 époque de la mort de Van-Dyck et que de retour à Séville, il eut une grande influence sur son camarade Murillo qui dès lors chercha à se rapprocher, lui aussi, de la manière de Van-Dyck.

Ce tableau a été offert par M. A. de Faniez.

Toile. — *Haut.*, 1m20. — *Larg.*, 0m92

SOLIMENE (François), né à Nocera 1657, mort à Naples en 1747.

183. — **Le couronnement de la Vierge.**

Cette composition d'un effet grandiose et décoratif est l'esquisse d'une peinture de plafond ou plutôt de coupole d'église.

Don de M. A. de Faniez.

Toile. — *Haut.*, 0m74. — *Larg.*, 0m92

RAOUX né à Montpellier en 1677, mort à Paris en 1734.

184. — **Portrait de femme.**

Elle est représentée de trois quart appuyée à une table et cachetant une lettre qu'elle tient placée sous sa main gauche, elle est coiffée d'une toque à plumes et vêtue d'une étoffe brune foncée relevée de galons d'or.

Raoux est une de nos illustrations locales. Bien que sa réputation n'est jamais égalé celle de son compatriote et prédécesseur Sébastien Bourdon, elle était pourtant bien assise à Paris dans le commencement du

XVIIe siècle. — Sa santé délicate lui interdisait la fatigue des grandes compositions ; il s'occupait plus volontier du portrait, genre où il excellait du reste. Celui-ci en est une preuve.

Les œuvres de Raoux sont devenues rares, si le musée est parvenu à se procurer celle-ci il le doit a l'obligeance et aux soins désintéressés de M. de Faniez.

Toile. — *Haut.*, 0m95. — *Larg.*, 0m60

SÉVÉRAC (de GILBERT ALEXANDRE) né à St-Sulpice-sur-Lèze, (Haute-Garonne).

185. — **Un bouquet de roses.**

Ces roses aux couleurs variées sont placées dans un vase émaillée et de tons vigoureux qui ajoutent à l'éclat des fleurs ; sur le coin de droite la fantaisie du peintre a jeté une pipe d'écume qui par sa couleur dorée ajoute à l'harmonie de cette toile.

Elle a été donnée par l'auteur, membre fondateur. Signée.

Toile. — *Haut.*, 0m46. — *Larg.*, 0m38.

ISNARD (J. ROCH) né à Arles.

186. — **Effet de soir.**

Etude faite sur nature en Provence, au moment d'un coucher de soleil ; en luttant de splendeur et d'éclat avec la nature, l'artiste a révélé de puissantes qualités de coloriste. Signé.

Toile. — *Haut.*, 0m40 *Larg.*, 0m50

ROLL (Alfred Philippe) né à Paris.

187. — **Taureau et Enfant.**

Un enfant malingre et demi-nu tire par une corde un vigoureux taureau au pelage roux, marqué de blanc, au second plan, dans le coin de droite, le toit d'une maisonnette, émerge d'un petit massif de tournesols, — une envolée de moineaux tâche de points noirs la limpidité du ciel, — au fond à gauche, sur la lisière de la prairie, une vache et la silhouette de quelques arbres rabougris, telle est la scène champêtre que l'artiste a tracée sur une toile assez importante pour donner au taureau la grandeur nature.

Ce tableau où l'effet est simple et peu cherché, est remarquable, surtout, par la vérité de la couleur, et la transparence d'une lumière argentée, qui donne l'impression d'une trouée d'air, sur la paroi qu'elle occupe. Il a figuré au Salon de 1889, d'où il a été directement expédié au musée. Signé. Figure grandeur nature.

Acquis par la Commission. Il a été gravé et reproduit par tous les recueils illustrés de 1889.

Bois. — *Haut.*, 2m40 — *Larg.*, 3m00

CABANEL (Alexandre) membre de l'Institut, né à Montpellier en 1823, mort à Paris en 1889.

188. — **Oreste.**

Le héros après avoir vengé par la mort d'Egisthe et de Clytemnestre l'assassinat de son père Agamemnon, rejette avec horreur son glaive ensanglanté, et retombe éperdu, défaillant, sur l'autel du sacrifice, en tendant vers les dieux une main suppliante. — A gauche, et plus résignée, apparaît Electre, on sent bien que c'est elle qu a armé le bras vengeur — au deuxième plan, à droite et dans l'ombre, les cadavres d'Egisthe et de Clytemnestre, sur lesquels sont deux furies accroupies, qui jettent sur l'assassin des regards étincelants de haine.

Ce tableau appartenant à la première manière du maître, fut un de ses premiers succès ; il est peu sorti de son atelier et par conséquent, resté peu connu. On lit, sur une traverse du châssis : à M. le Maire de Montpellier. Cette adresse est écrite de la main de Cabanel. Etait-ce un hommage qu'il projetait de faire à sa ville natale ? Dès lors l'exposition d'un tableau, dont il avait déjà disposé, dans sa pensée, devenait tout à fait inutile. l'hypothèse est fort admissible, quoi qu'il en soit, il était destiné à l'enseignement des jeunes artistes de son pays, et sa famille en l'accordant au musée de Béziers a certainement accompli la volonté de notre illustre et regretté compatriote. — Il est signé : Alexandre Cabanel. sans date.

Toile. — *Haut.*, 2m60. — *Larg.*, 2m70

FLEURY (Mme Fanny) née à Paris.

189. — L'abri de Varech.

Il est certain que, dans cette toile, enlevée rapidement en plein air, c'est la nature elle-même qui a fait tous les frais de son mérite ; la composition et la couleur lui appartiennent ; elle a tout fourni, mais on ne déniera pas le mérite d'une exécution fidèle et puissante. L'artiste nous montre un coin du petit port de St-Cado, près d'Auray, dans le Morbihan.

Là, paraît-il, les femmes ont le bon esprit d'utiliser le

varech que la mer rejette avec abondance sur la plage, elles en forment des abris, où elles se réunissent pour causer, travailler et même dormir s'il faut en croire le groupe saisissant de vérité et de naturel que nous avons sous les yeux.

Cette toile, exposée pour la première fois, au Salon de 1888 y obtint un succès qui lui mérita l'honneur d'être choisie pour l'exposition universelle du champ de mars, et c'est de là que l'état l'a envoyée au musée. Les figures à peu près, sont de grandeur nature. — Signé : *Fanny Fleury.*

Toile. — *Haut.*, 1m80. — *Larg.*, 2m12

RIXENS (Jean André) né à St-Gaudens (Haute-Garonne.

190. — **Mort d'Agrippine.**

« Les muertriers entouraient le lit et comme le centurion tirait son épée pour la tuer, elle tendit le flanc : frappe le ventre lui cria-t-elle. Aussitôt obéie, elle expira percée de plusieurs coups. »

Tel est le forfait que Tacite dans ses annales, avait buriné pour l'instruction de l'humanité, et qu'un de nos artistes, aussi habile qu'érudit vient d'interprêter de manière à affirmer la réputation de l'école française moderne. — Le succès de cette toile fût très vif, en effet, lorsqu'elle apparut au Salon de 1881. Puisque par 37 votants sur 39 le jury d'alors, lui assigna la deuxième place sur la liste des récompenses. Envoyée, deux ans après à l'exposition internationale d'Amsterdam, elle y obtint une nouvelle médaille et on peut ajouter qu'elle a certainement contribué à assurer à M. Rixens deux des plus hautes récompenses dont disposait le jury de l'exposition universelle de 1889, la médaille d'or et la croix de la légion d'honneur.

Acheté par la Commission.

Figures un peu plus grandes que nature.
Signé : *J. A. Rixens.*

Toile. — *Haut.*, 3m32. — *Larg.*, 2m90.

DESSINS, AQUARELLES, GRAVURES
LITHOGRAPHIES
FAIENCES, MAJOLIQUES & ÉMAUX

DESSINS, AQUARELLES

GRAVURES

LITHOGRAPHIES, EMAUX ET OBJETS DIVERS

BOCANEGRA (PIERRE-ATHANASE), né à Grenade (Espagne), mort en 1688. Elève d'Alonzo de Cano, à souvent imité Van Dyck.

1. — Martyre de Sainte-Suzanne.

Dessin à la plume teinté de sépia.
Don de M. Louis de Portalon, membre fondateur.

Toile. — *Haut.*, 0m47. — *Larg.*, 0m25

SAMUEL (Frère de la Doctrine chrétienne).

2. — Fra Angelico peignant, aidé par les Anges.

Imitation des manuscrits du Moyen-Age.
Don de l'auteur, membre fondateur du Musée. Signé.

Toile. — *Haut.*, 0m45. — *Larg.*, 0m25

NATOIRE (ANTOINE), né à Nimes en 1700, mort en Italie en 1771.

3 — **Figure d'un Jeune Homme en pied.**

Ce maître a été longtemps directeur de l'Académie de France à Rome ; son principal mérite consistait dans la correction du dessin, et l'on a dit qu'il le possédait à un degré plus éminent sur le papier que sur la toile.

Cette esquisse au crayon relevée par quelques touches de blanc a dû servir à l'éxécution d'un tableau.

Don de M. Charles Labor.

VIEN (JOSEPH-MARIE)

4. — **Vieillard assis.**

Vien était élève de Natoire, à qui il succéda dans la direction de l'Académie de France à Rome, en 1771.

Crayon noir.

MEME AUTEUR.

5. — **Un Ange.**

Esquisse à la sanguine relevée par quelques touches de crayon blanc.

Ces deux dessins ont été achetés à Paris, à l'Hôtel des Ventes, aprés le décès de l'artiste, par M. Reboul-Coste, membre fondateur, qui en a fait don au Musée.

GAMELIN (JACQUES) né à Carcassonne en 1735, mort dans la même ville en 1803.

2. — Deux femmes assises.

Aquarelle.
Don de MM. Heirisson frères.

FAYET (Leon), de Béziers.

7. — Un lever de lune.

Fusain. — Relevé de crayon blanc.
Don de l'auteur. Signé Léon Fayet.

FAYET (Gabriel), de Béziers.

8. — Etude faite à la Salvetat.

Crayon noir. — Don de l'auteur. Signé G. Fayet.

BISCAYE (Charles) de Béziers.

9. — Paysage.

Fusain. — Don de l'auteur.

10. — Vue prise au pont rouge près Béziers.

Fusain. — les deux dessins signés Charles Biscaye

LATOUR (Joseph), de Toulouse.

11. — Vue prise à Elché, royaume de Valence (Espagne).

Dessin à la mine de plomb, relevé de blanc.
Don de M. Louis Noguier, membre fondateur.
Signé Joseph Latour.

RÉGIS (Augustin) de Béziers.

12. — **Groupe de Chevaux morts.**

Aquarelle. — Etude faite à Montfaucon, près Paris.

Don de MM. Heirisson frères, membres fondateurs.

THUILLIER (Pierre)

13. — **Vue prise à Amalfi, près Naples.**

Dessin à la mine de plomb, relevé de quelques touches de blanc au pinceau.

Don de M. Heirisson fréres. — Signé Pierre Thuillier.

LABOR (Charles), de Béziers.

14. — **Etude de Chênes faite dans la forêt de Chapaize (Bourgogne).**

Fusain.

MEME AUTEUR.

15 — **Le pont de Siomo-Sierra (Espagne).**

Fusain. — Esquisse qui a servi à l'éxécution d'un tableau exposé au Salon de 1864, et qui se trouve au musée de Narbonne.

Ces deux dessins ont été donnês par l'auteur.

SERDA (Emile),

16. — **Vue prise à Quimper.** (Bretagne).

Ce dessin faisait partie de l'Album lithographié, par

Tirpenne, d'après Serda, qui a été publié sous le titre de *Voyage en Bretagne*.

Don de Mme Serda.

LEFMAN (FERDINAND)

17. — **Jocelyn.**

Gravure d'après le tableau de M. Faustin Besson, appartenant au Musée. — Voir le n° 49 (Peinture).

ADAM (VICTOR)

18. — **Inauguration de la statue Paul-Riquet.**

Lithographie, d'après un croquis de M. François Miquel.

LEROUX (J.-M.)

19. — **Fronton du Panthéon.**

Gravure au burin. Epreuve d'artiste donnée par M. David (d'Angers) à la Société archéologique.

AUTEUR INCONNU.

20. — **Statue de Paul-Riquet.**

Aquarelle.

ANTONIO

21. — Intérieur de l'église Saint-Aphrodise.

Gouache.

AUTEUR INCONNU.

22. — La Vierge.

Email.

AUTEUR INCONNU.

23. — La résurrection du Christ.

Email.

AUTEUR INCONNU.

24. — Saint-Claude.

Émail.

AUTEUR INCONNU.

25. — Visite de Saint-Jean à la Vierge.

Email.

Ces quatre èmaux ont été donnés par la Société archéologique.

LAURENS (J.-B.) de Montpellier.

26. — Vue de Saint-Guilhem-le-Désert.

Mine de plomb relevée de blanc

Don de M. Etienne de Cassagne. — Signé : *J. B. Laurens.*

RÉVOIL (P.), ancien Directeur de l'Académie des Beaux-Arts de Lyon.

27. — **François 1er. — (Esquisse).**

Don de M. H. Révoil.

MEME AUTEUR.

28. — **Première pensée d'un tableau.**

Don de M. H. Révoil.

RÉVOIL (Henry), architecte - diocésain à Marseille.

29. — **Le portail de Saint-Gilles.**

Don de l'auteur, membre fondateur du Musée.

RÉGNIER (Antony).

30. — **Le premier pas dans l'eau.**

Ce dessin a servi à la composition du tableau portant le même titre, que l'artiste a exposé au Salon de 1869.

Don de l'auteur.

Toile. — *Haut.*, 1^{m}30. — *Larg.*, 0^{m}90

PALIZZI (Joseph).

31. — **Moutons dans les montagnes des Abruzzes.**

Esquisse d'un tableau peint pour la salle à manger de l'hôtel de M. R. Sabatier à Paris.

Fusain rehaussé. Signé : *J. Palizzi.*

Don de l'auteur, membre fondateur du Musée.

Haut., 1m20. — *Larg.*, 0m85

32. — **Corbeille à jour.** — Faïence blanche italienne provenant de la collection Révoil.

Don de l'Etat.

Diamètre 0m30

33. — **Petit plat, suite de Palissy,** provenance inconnue.

Don de l'Etat.

Long, 0m24. — *Larg.* 0m18

34. — **Plaque faïence italienne.** — Paysage, collection Durand.

Don de l'état.

Long., 0m26. — *Larg.*, 0m18

35. — **L'Assomption.**

Bas relief, terre cuite, provenant de la collection Campana.

Haut., 0m18. — *Larg.*, 0m16.

36. — **Sphinx.**

Ronde bosse terre cuite, même provenance.

Long., 0^m15.

37. — **Gédéon.**

Plat, faïence italienne, même provenance.

Diamètre 0^m33

38. — **La Nativité.**

Bas relief. Bois.

Provenance inconnue.

Long., 0^m30. — *Larg.* 0^m40

39. — **Fragment de vase bleu.** — Verre avec émail.

Don de l'Etat.

40. — **Mosaïque en pierres dures.**

Fabriques et terrains. — Ancienne collection.

Long., 0^m25. — *Larg.*, 0^m17

41. — **Joueur de trompette et joueur de lyre.**

Bas relief Renaissance.

Don de l'Etat.

SÉBASTIAN né à Béziers.

42. — **Portrait de Gounod, dessin à la mine de plomb.**

On remarque dans le fond, le Génie de la musique puis Faust et Marguerite et d'autres groupes, plus faiblement indiqués, qui rappellent les nombreuses créations du maëstro et font de ce portrait une création assez compliquée.

Don de l'auteur. — Signé : *Sébastian.*

COURDOUAN (Vincent-Joseph-François), né à Toulon (Var).

43. — **Lavis à la Sépia.**

Ce dessin minutieusement rendu nous paraît reproduire le vieux château de Preyssan près Capestang, qui a presque entièrement disparu sous des constructions modernes.

Don de M. Félix Gilbert. — Signé : *V. Courdouan.*

HUBERT (J.-B.), né à Paris.

44. — **Etude de Rochers à la Sépia.**

MEME AUTEUR.

45. — **Intérieur de Village, études à la Sépia.**

Ces deux dessins ont été donnés au Musée par M. le colonel Gazan d'Antibes.

CARRACHE (Annibal), né à Bologne en 1560, mort à Rome en 1609.

46. — **Projet de Statue pour un monument funéraire.**

Ce magnifique dessin a été apporté en 1611 d'Italie, par un architecte de Montauban qui n'avait pas craint de s'en déclarer l'auteur, son nom paraît avoir été gratté sur le socle à droite. — Il appartient évidemment à l'école romaine et rappelle la manière du maître illustre à qui il a été attribué.

Don de M. Ch. Labor.

CALLOT (Jacques), né à Nancy en 1593, mort en 1635.

47. — **Le marchand de Gibier.**

Ce dessin a été déclaré authentique par les experts du Louvre — bien que la réparation qu'a subi le papier dans le coin de gauche soit apparente — son état de conservation est assez satisfaisant.

Donné par M. Moulinier, avocat, membre fondateur du Musée.

DIEPENBECK.

48. — **Mendiants reçevant l'aumône.**

Cette scène très-bien rendue et dont tous lés détails

sont soignés, fait supposer que le dessin était destiné à être reproduit en peinture.

Don de M. Moulinier. — Signé : *Diepenbeck*.

AUTEUR INCONNU (Ecole italienne).

49. — Danse de Bacchantes.

Un groupe nombreux de femmes auquel se mêlent des enfants, parcourt une ville au son de la trompe et du tambourin et passe comme un gracieux tourbillon.

Don de M. Moulinier.

LATOUR (DE), né à Saint-Quentin en 1704, mort en 1788.

50. — Portrait de femme. Pastel.

Bien que ce portrait ne soit pas signé, la finesse et la pureté du dessin, l'ampleur et la grâce de l'exécution générale, trahissent suffisamment le faire du maître auquel il est attribué. Il a fait partie du cabinet de M. Arsène Houssaye qui en a fait don lui-même au Musée, dont il est un des fondateurs.

HOUDON né à Versailles en 1741, mort en 1828.

51. — Figure drapée.

Esquisse à la sanguine.

Même provenance que le précédent.

FALCONNET (Etienne-Maurice), né à Paris en 1716, mort en 1791.

52. — **Etude de pieds.**

Ce statuaire a longtemps séjourné en Russie qui possède de nombreux ouvrages de lui et entr'autres la célèbre et monumentale statue équestre du czar Pierre le Grand, érigée à Saint-Pétesbourg.

Même provenance.

MICHEL.

53. — **Paysage à la mine de plomb.**

Ceci est une simple esquisse faite sur nature.

Même provenance.

BOISOT, né à Paris en 1748, mort en 1809.

54. — **La République.**

Cette gravure a le merite d'être devenue extrêmement rare.

Même provenance.

NORWID (Ecole anglaise).

55. — **Enfant endormi.**

Aquarelle.

Même provenance.

FRAGONARD (J.-Honoré), né à Grasse en 1732, mort en 1806.

56. — **L'Hymen protecteur de la famille.**

Projet d'un groupe décoratif. Ce lavis à l'encre de Chine, provient comme les dessins précédents, du cabinet de M. Arsène Houssaye

NATTIER.

57. — **Esquisse de portrait.**

C'est probablement un essai de pose rapidement cherché par cet habile portraitiste, les traits du visage ne sont pas indiqués.

LEPIC (Ludovic), né à Paris.

58. — **Marine.**

Aquarelle.

59. — **Bannière de l'Orphéon Biterrois.**

Cet orphéon fondé en Septembre 1858, sous la direction de M. L. Viguier-Serisse fut dissout en 1874, après le concours qui eut lieu la même année à Béziers ; en se séparant les Sociétaires voulant laisser un souvenir durable des nombreux succès qu'ils avaient obtenus, décidèrent que leur triomphante bannière resterait déposée au Musée, ornée de toutes les médailles obtenues dans les divers concours, dont voici la nomenclature :

PREMIER CONCOURS

Paris, avril 1859. — 3e division, 2e subdivision de la 1re section — 3e prix.

DEUXIÈME CONCOURS

Carcassonne, 1859. — 3e division, 1re section — 2e prix.

TROISIÈME CONCOURS

Montpellier, mai 1860. — 3e division, 1re section — 1er prix.

GRAND FESTIVAL

Londres. — Grande médaille commémorative.

QUATRIÈME CONCOURS

Bordeaux, 1862. — 3e division — 1er prix.

CINQUIÈME CONCOURS

Nimes, 1863. — 1re division — 2e prix.

SIXIÈME CONCOURS

Lyon, 1864. — 1re division — 2e prix.

Grand Festival de Cette.

GRAND CONCOURS. BÉZIERS

Organisé par l'orphéon biterrois, une médaille d'or lui fut donné par le Préfet.

SEPTIÈME CONCOURS

Paris, 1866. — 1re division — 1er prix. (La couronne de vermeil attachée à la hampe et une médaille.)

GRAND CONCOURS

Béziers. — Organisé par la Lyre Biterroise,

HUITIÈME CONCOURS

Cette, 1870. — Division supérieure. — 2e prix. — Ce concours eut lieu sous la direction de M. Abauzit.

CONCOURS DE BÉZIERS

Organisé par la Lyre Biterroise.

60. — **Vitrine renfermant des bibelots Chinois, bride, étoffes, pantoufles, etc.**

Donnateurs divers.

61. — **Bahut à deux corps, du XVIme siècle.**

Il est surtout remarquable par le nombre et l'élégance des incrustations dont il est orné.

Don de la Société archéologique.

VALLET (Louis), né à Paris.

62. — **Un Hussard chamborant.**

Cette aquarelle ainsi que le dessin suivant ont été donnés par l'auteur, élève de l'école des Beaux-Arts, momentanément brigadier au 9me chasseurs. — Signé : *Vallet.*

MEME AUTEUR.

63. — **La Mole.**

C'est une petite tête d'étude assez finement exécutée à la plume. Nous nous conformons à la dénomination que lui a donné l'auteur.

MEME AUTEUR.

64. — **Chasseur en faction.**

Aquarelle d'après un croquis d'Alphonse de Neuville.

VARIN (Pierre-Amedée), né à Chalon-sur-Marne.

65. — **Gravure de l'orage de Cot.**

Epreuve avant la lettre et une des premières tirées. Elle est signée de l'artiste qui en a fait don au maître dont elle reproduisait l'œuvre. Elle a été donnée par Madame Cot.

MEME AUTEUR.

66. — **Gravure du Printemps.**

C'est le pendant de la précédente elle a les mêmes qualités d'exécution seulement l'épreuve qui provient d'un tirage courant porte les lettres du titre et le nom du graveur.

BOUTET (Gabriel), né à Larochelle (Charente-Inférieure).

67. — **Un clairon au repos.**

Aquarelle. — Signée.

68. — **Momie Egyptienne.**

Le corps est entier, bien enveloppé dans des bandelettes, il est de petite taille, c'est celui d'une femme ou d'un enfant.

La gaîne de bois de cèdre qui le contient a souffert, les mains sculptées qui reposaient sur la poitrine ont été arrachées mais les inscriptions héiroglyphiques qui ont été peintes sur les deux côtés sont encore très nettes et pourraient être sûrement déchiffrées.

Don de M. Cambon, négociant, originaire de Béziers.

WALTER.

69. **Portrait de M. Vrydags-van-Vollenhoven.**

Gravé à l'eau forte d'après Van Ravensten.

MEME ARTISTE.

70. — **Portrait de Madame Vrydags-Vollenhoven.**

Gravure faisant pendant avec la précédente.

MILLIERS.

71. — **Pepito, Toc et d'Artagnan.**

Gravure à l'eau forte d'après Lambert.

MONZIES (Louis), né à Montauban (Tarn-et-Garonne.)

72. — **La folie d'Hugo, van der Goès.**

Gravure à l'eau forte d'après Wauters.

LALAUZE (Adolphe) né à Rive-de-Giers (Loire).

73. — **La diseuse de bonne aventure.**

Gravure à l'eau forte d'après Willems.

ROCOURT.

74. — **Danse de Gitanos (el jaleo).**

Gravure à l'eau forte d'après Sergent.

CHAUVEL (Théophile), né à Paris.

75. — **Vue prise à Wetering Singel (Hollande).**

Gravure à l'eau forte d'après une aquarelle de Madame la Baronne Nathaniel de Rothschild.

MEME ARTISTE.

76. — **Buiten Singel (Hollande), d'après Madame de Rothschild.**

Cette gravure est le pendant de la précédente, ces huit gravures inscrites à la suite de 69 à 76 et tirées en épreuves d'artiste avant la lettre et sur parchemin, ont été données au Musée par M. Leroi (Paul) rédacteur du *Courrier de l'Art*, au nom de l'administration de ce journal.

CH. LABOR.

77. — **Ruines du château de Tallard.**

Etude sur nature, à la mine de plomb détachée d'un album de voyage. Tallard est un chef-lieu de canton des (Hautes-Alpes).

Don de l'auteur.

VOIRIN (Leon).

78. — Dans les coulisses.

Aquarelle. — Don de M. Ch. Labor.

BISCAYE (Charles).

79. — Au pont Rouge.

Etude d'après nature au fusain.

Don de l'auteur.

MEME AUTEUR.

80. — Etude de paysage au fusain.

INJALBERT (Antonin).

81. — L'Hérault.

Epreuve photographique d'un bas-relief qui décore l'hôtel de la Préfecture de Montpellier.

MEME AUTEUR.

82. — L'Orb.

Bas-relief placé dans le même édifice.

MEME AUTEUR.

83. — La source du Lez.

Bas-relief faisant pendant à celui de l'Orb et qui complète, la figuration des cours d'eau les plus importants du département.

84. — **Manuscrit Arabe.**

Code annoté, traitant du divorce et du mariage Musulman.

Il a été donné à titre de souvenir par Sidi-Brahïn-Maghoula-Chaleb notaire Beylical de Kairouan (Tunisie) à M. Gonin (Jean) lieutenant au 6e hussards. — Don de M. Gonin.

85. — **Sabre Arabe symbolique.**

C'était l'arme d'investiture des caïds de la tribu des Beni-Zid : (fils de l'huile ou des oliviers). — Il a été pris le 16 novembre 1881 dans la mosquée Sidi-Okba à Kairouan et remis au lieutenant Gonin comme part de prise.

Don de M. Gonin.

SCULPTURE, ARCHITECTURE

SCULPTURE, ARCHITECTURE

DAVID (d'Angers Pierre-Jean), membre de l'Institut, né à Angers en 1792, mort à Paris en 1856.

1. — Maquette de la statue en bronze de Paul-Riquet.

La statue a été érigée en 1838, sur la place de la Citadelle, par la Société archéologique. C'est la première pensée de l'artiste, soumise par lui à cette Société en 1836.

MEME AUTEUR.

2. — Tête de la statue de Paul-Riquet (grandeur d'exécution).

Ce plâtre a servi au moulage de la statue en bronze.

MEME AUTEUR.

3. — Tête de Jacques Vanière.

Plâtre qui a servi à l'exécution du buste en marbre.

MEME AUTEUR.

4. — Buste en marbre de Jacques Vanière.

Ce buste, donné par la Société archéologique, a été placé provisoirement sur la colonne en marbre du vestibule de la Mairie.

LAPRET.

5. — Branche de Laurier en fleurs.

Terre cuite. — Don de la Société archéologique.

HARDOUIN, sculpteur.

6. — Modèle en plâtre qui a servi à la construction du théâtre de Béziers.

Il a été fait d'après les dessins et plans de M. Isabelle, architecte, membre de l'Institut.

OLIVA (Alexandre-Joseph), né à Saillagouse (Pyrénées-Orientales.)

7. — Statuette de M. l'abbé Dequerry.

Don de l'auteur.

MEME AUTEUR.

8. — Buste de Pélisson.

Le marbre a été donné par la Société archéologique.

INJALBERT (Antonin), né à Béziers, grand prix de Rome au concours de 1874.

9. — **Jeune homme assis.**

Médaillé au concours de l'école des Beaux-Arts.

Don de l'auteur.

MEME AUTEUR.

10. — **L'Enfant rieur.** (**Buste en marbre**).

Ce buste, dont la maquette a figuré au Salon de 1877, après avoir été compris dans les envois de Rome l'année précédente, est le portrait d'un gamin italien, sorte de petit bohême rencontré dans les rues de Rome, faisant l'école buissonnière, furieux, rieur et espiège en diable. Sa figure ronde et grasse, respirant la vie libre et insouciante du jeune âge ; la couleur bronzée de son teint, l'éclat de ses yeux noirs, la franche expansion de gaieté de sa bouche qui montre, en s'ouvrant, une belle rangée de dents blanches, et pardessus tout une opulente et lourde chevelure ébouriffée et bouclée au hasard, tout cela avait frappé l'attention de l'artiste qui en a rendu, dans une sorte d'improvisation magistrale, le caractère original et pittoresque. Le sujet semble une réminiscence des rieurs de Carpeaux ; mais il est évident que M. Injalbert y a suffisamment employé ses qualités personnelles pour écarter toute idée d'imitation volontaire. La manière dont la tête est posée, dans un mouvement d'impétueuse turbulance enfantine, la fougue d'exécution qui anime d'un large souffle de jeunesse exhubérante, tout ce morceau, où le rire n'est que l'épanouissement de la vie sont bien conformes au tempérament de l'artiste biterrois tels que ses autres œuvres nous l'ont révélé, tempérament dont la remarquable et puissante souplesse s'impose par les succès du talent, à l'éloge de la critique et des connaisseurs.

A. B.

Don de l'auteur.

MEME AUTEUR.

11. — La Tentation (haut-relief) plâtre.

Cette œuvre magistrale a constitué l'envoi de première année de notre compatriote pensionnaire de la Villa Médicis. Son succès a été manifeste dès qu'elle a paru aux expositions de Paris, la presse entière s'est empressée de le constater, et pour ne citer qu'un journal, voici comment en parlait le *Moniteur universel.*

Eve mollement penchée, s'avance vers Adam, en lui présentant le fruit défendu, avec un mouvement souple et fin, caressant et tendre, qui est bien celui de la séduction féminine. La tête a la douceur amoureuse que Léonard donne à ses femmes. Le corps est modelé en pleine chair ; les rondeurs même qu'on y remarque, et que l'Eve de Michel-Ange, offre aussi, ont leur grâce. L'attitude d'Adam à demi couché est d'une large élégance. A droite le Démon, serpent par en bas, femme jusqu'à la ceinture, comme dans la fresque des *Loges* de Raphaël, enroule ses anneaux au tronc du pommier, et, se retenant du bras à une branche, il épie curieusement l'effet de son piège. M Injalbert s'est gardé de faire un monstre de l'Esprit du mal. La Tentation pour séduire, devant être ou paraître belle, il lui a prêté le buste voluptueux d'une sirène et le visage fascinant d'un sphinx. Ce tableau de plâtre, — car s'en est un, — empreint du style des belles écoles italiennes, mérite d'être transporté sur le marbre ; il fait honneur au jeune artiste : nous avons rarement vu un meilleur envoi de première année.

Don de l'Etat.

MOULIN (Hippolyte), né à Paris, mort dans la même ville.

12. — **Enlèvement de Ganymède, marbre.**

Jupiter, sous la forme d'un aigle saisit l'enfant mais en évitant soigneusement de le blesser au contact de ses serres terribles; l'œil ardent et l'aile frémissante, il l'enveloppe d'une étreinte passionnée, et va l'emporter dans l'espace. — Tout vit, tout palpite et vibre dans ce beau marbre qui par l'élégance des lignes et la perfection du modelé, se rapproche des chefs-d'œuvres antiques.

M. H. Moulin dont la première apparition au Salon ou tout au moins le premier succès ne date que de 1864, prenait rang parmi les maîtres de la statuaire moderne, lorsque la mort est venue le frapper en pleine vigueur de jeunesse et de talent.

Ce groupe a figuré au Salon de 1870.

Don de l'Etat.

BASTET (Antoine-Victorien), né à Bollène (Vaucluse)

13. — **L'Enfant endormi, terre cuite.**

Cette charmante esquisse, semble avoir été modelée exprès, pour faire pendant à la création magistrale qui lui fait pendant, l'*Enfant rieur* d'Injalbert. Elle est l'œuvre d'un jeune élève de l'école des Beaux-Arts, qui momentanément arraché à son étude par la loi militaire avait été incorporé dans le 17e régiment d'infanterie en garnison parmi nous. M. Bastet utilisait les moments de loisirs que lui laissait le service, à produire des statuettes et des bustes que se disputaient les amateurs aussitôt qu'ils étaient exposés à la vitrine des marchands. Cette terre cuite est certainement une de ses meilleures créations, elle a été récompensée de la médaille d'or à l'exposition des Beaux-Arts de Marseille, et l'artiste a eu aussitôt la gracieuse pensée de l'offrir au Musée.

MEME AUTEUR.

14. — **Buste de Gaveau** (plâtre).

Modelé d'après une miniature du temps qu'on affirmait ressemblante. Il a été commandé à l'artiste en exécution d'une décision prise précédemment par l'administration municipale qui, prescrit de réunir au musée les bustes de toutes les célébrités locales.

PAUL (Louis), né à Béziers.

15. — **Etude de jeune fille** (plâtre).

L'artiste semble s'être inspiré de la manière de Dubois; fort appréciée du reste en ce moment. Cette œuvre a figuré au Salon de 1881, sous la désignation de Jeanne-d'Arc.

Don de l'auteur, membre fondateur.

INJALBERT (Antonin).

16. — **L'amour domptant le lion**, (plâtre).

C'est le modèle réduit qui a servi à l'exécution du groupe monumental qui décore la promenade du Peyrou à Montpellier et surmonte le piédestal de gauche à l'entrée de la promenade.

MEME AUTEUR.

17. — **Le lion dompté par l'amour,** (plâtre).

Groupe formant le pendant du précédent et qui orne le piédestal de droite. Ces deux groupes ont été donnés par M. Injalbert en 1887.

MEME AUTEUR.

18. — **Patre chantant** (terre cuite).

Ce petit buste est une étude faite dans les Abruzzes par l'artiste. Il avait été donné par lui aux organtsateurs de la loterie de 1886 pour les inondés du midi. Ce lot n'ayant pas été réclamé par le gagnant, il a été acquis par la ville et déposé au Musée.

MEME AUTEUR.

19. — **L'amour préside à l'hymen** (plâtre).

Cette statue n'a pas été executée en marbre ; c'est l'œuvre originale qui a figuré avec succès à l'exposition de 1882 à Paris.

Donné par M. Injalbert en 1888.

MEME AUTEUR.

20. — **Hyppomène** (plâtre).

C'est le modèle qui a servi à l'exécution du bronzé exposé au salon de 1886 et qui après avoir été acquis par l'Etat fait actuellement partie de la collection du Luxembourg.

Donné par Injalbert en 1888.

VASES GRECS, ANTIQUITÉS DIVERSES

VASES GRECS, ANTIQUITÉS DIVERSES

APPARTENANT

A LA SOCIÉTÉ ARCHEOLOGIQUE

Le nombre de vases grecs, de toutes formes et de toutes dimensions, s'élève au chiffre de 162, provenant des fouilles faites à Délos en 1829. La plupart ont été découvertes dans des tombeaux, ce qui explique leur état de conservation. La collection a été acquise à Athènes, en 1852, par la Société archéologique. Nous nous contentons d'indiquer et de décrire les plus importants.

1. — **Chytra.**

Peint. — Poterie commune dont se servaient les Grecs pour faire cuire les mets. Fond blanc, avec quelques filets rouges et noirs. Sur le haut du vase, il est représenté, sur une face, un char traîné par un cheval au galop, un conducteur tient les rênes ; sur l'autre face, une cigogne et un animal fantastique.

Haut., 0m30. — *Diamètre*, 0m30.

2. — Hydria, à trois anses.

Peint. — Sur la face, une Némésis assise, tenant d'une main un flambeau et de l'autre un spectre ; elle est coiffée de serpents.

Haut., 0m32. — *Diamètre*, 0m70.

3. — Œnochoe.

Peint, blanc sur un fond noir. — Achille debout, tenant un cheval par la bride ; à sa gauche, une femme assise devant un bouclier ; entre les deux figures, une colonne.

Haut., 0m35. — *Diamètre*, 0m10.

4. — Gutturnium.

Sorte de cruche avec goulot et bec, dont on se servait pour verser de l'eau sur les mains. Terre commune, ornée simplement de filets rouges et noirs.

Haut., 0m30. — *Diamètre* 0m08.

5. — Gutturnium.

D'une autre forme, et orné de rinceaux élégants dans sa partie supérieure.

Haut., 0m10. — *Diamètre* 0m10.

6. — Lagena.

Vase à deux anses et à large ventre, destiné à contenir du vin, et quelquefois à enfermer des fruits.

Haut., 0^m25. — *Diamètre* 0^m20.

7. — Capis et Epichysis, de formes variées.

8. — Capis.

De la meilleure époque. Peint. — Forme très-pure, terre fine et d'un travail soigné. Sur la face on voit représentée une esclave apportant les présents de noce et les offrant à une femme debout en face d'elle. Peinture rouge relevée de blanc, fond noir.

Haut., 0^m19. — *Diamètre*, 0^m12.

9. — Calix-Pterotus (ailé).

Ainsi nommé à cause de la forme des anses, qui ressemblent à des ailes déployées de chaque côté du vase. Peint, fond au vernis noir avec bande rouge ménagée dans le haut, sur laquelle se détachent un grand nombre de figures représentant des lutteurs.

Haut., 0^m13. — *Diamètre*, 0^m24.

10. — Lagena.

Peint, fond blanc, figures noires, animaux fantastiques.

Haut., 0^m18. — *Diamètre*, 0^m13.

11. — **Calix-Pterotus.**

Peint, fond noir, bande rouge dans le haut du vase, sur laquelle court un ornement noir très-riche, relevé de quelques points d'émail blanc et d'incisions au burin.

Haut., 0m10. — *Diamètre*, 0m17.

12. — **Calix**, formes et dimensions diverses.

Vases destinés aux festins.

13. — **Lagena**, formes et dimensions variées.

14. — **Guttus.**

Vase à col très-étroit ; il servait ordinairement à contenir de l'huile. Peint, fond noir, figures rouges debout. C'est ce vase, dans de plus grandes dimensions, magnifiquement décoré et plein d'huile pure de l'Attique, qu'il était d'usage de donner aux vainqueurs dans les jeux d'Athènes.

Haut., 0m10. — *Diamètre*, 0m05.

15. — **Vases de même nature que le précédent** ; dimensions et ornementations variées.

16. — **Cantharus.**

Coupe à boire d'une forme particulièrement consacrée à Bacchus. Fond noir.

Haut., 0m14. — *Diamètre*, 0m10.

17. — **Diota.**

Terre commune, mais d'une forme très-pure.

Haut., 0^m09. — *Diamètre*, 0^m09.

18. — **Calix-Pterotus.**

Peint, forme très-pure ; ornements noirs et blancs très riches, sur fond rouge.

Haut., 0^m09. — *Diamètre*, 0^m18

19. — **Scyphus.**

Peint, brun sur fond jaune. Sur la surface intérieure, une sirène tenant un poisson ; sur la surface extérieure, filets et rinceaux.

20. — **Patina.**

Terre très-fine ; ornementation très-riche, en relief. Ce vase servait principalement dans les opérations de la cuisine.

Haut., 0^m07. — *Diamètre*, 0^m17.

21. — **Amphore.**

Peinte, fond rouge, rinceaux blancs, incisions au burin.

Haut., 0^m25. — *Diamètre*, 0^m10.

22. — **Vase** sans anses, forme ampulaire non décrite jusqu'ici.

Peint. — Terre très fine, fond jaune, dessins bruns, ornementation riche, double rang de figures égyptiennes assises ou debout. Imitation grecque du style égyptien. Trouvé à Délos, comme les précédents.

Haut., 0m15. — *Diamètre* 0m06.

23. — **Gutturnium** de différentes dimensions.

24. — **Patina** avec couvercle.

25. — **Olla Cineraria**, avec son couvercle.

Peint. — Dessins noirs sur fond blanc.

Haut., 0m09. — *Diamètre*, 0m12.

26. — **Vases** de même espèce.

Dimensions diverses, moins ornementés.

27. — **Scyphus.**

Coupe pour le vin, dont on se servait le plus ordinairement dans les repas.

Haut., 0m11. — *Diamètre*, 0m11.

28. — **Vases** de même espèce, formes variées.

29. — Chytra, avec son couvercle.

Terre rouge, négligement décorée de filets noirs.

Haut., 0m10. — *Diamètre*, 0m14.

30. — Cyathus.

Coupe légère munie d'une seule anse ; elle servait aux Grecs pour puiser dans les cractères et remplir les coupes de chaque convive. Terre rouge sans ornement.

Haut., 0m08. — *Diamètre*, 0m09.

31. — Chytra de différentes dimensions, et avec leurs couvercles.

Deux de ces vases, plus particulièrement destinés à aller sur le feu, ont des pieds formés au moyen de quatre entailles à la base.

32. — Arybale.

Ces vases étaient destinés à renfermer des parfums. Celui-ci offre cet intérêt local ; il représente, peint en rouge et au trait simple, deux personnages armés de lances, qui portent à mi-corps, chacun, un cheval de bois, et figurent une danse dont le *Chevalet*, en usage dans nos contrées est la reproduction fidèle.

Donné par M. Boudard.

33. — Vases de même espèce, dimensions différentes et ornementations variées.

34. — Olla, avec son couvercle, dans un état de parfaite conservation.

Peint, fond blanc, décoration élégante, rouge et noir, grecque et rinceaux.

Haut., 0m24. — *Diamètre*, 0m21.

35. — Patères à anses ailées.

Très-plates, servant dans les sacrifices.

36. — Calix.

D'un galbe très élégant, terre très fine. Peint noir sur fond rouge. — Femmes nues célébrant les mystères ; elles portent de fausses barbes et un phallus. Cette pièce est une des plus remarquables de la collection. Elle a été trouvée brisée, mais tous les morceaux ont été recueillis sur place et rajustés.

Haut., 0m10 — *Diamètre*, 0m20.

36 (*bis*). — Vase de même nature.

Dans l'intérieur est peinte une sirène.

37. — Vase cylindrique avec son couvercle.

Ornementé avec soin. Peint rouge et noir, grecque noire. Il était consacré à la toilette des femmes.

38. — Epichysis.

Forme très élégante. Peint fond blanc, filets rouges. (Athènes).

Haut., 0m21 — *Diamètre*, 0m15.

39. — Vases Gallo-Romains, découverts à Béziers ou dans les communes voisines.

Donations diverses.

40. — Lampe en cuivre, de forme élégante, et munie de sa chaîne et de son crochet de suspension.

Trouvée à Fonceranes, près Béziers.

41. — Lampes ordinaires en terre cuite, diverses de grandeur et d'ornementation.

Deux ou trois ont été découvertes dans nos contrées.

42. — Verres ampulles, patères, olla et débris divers.

Trouvés dans les fouilles de Délos.

43. — Haches celtiques en silex.

44. — Amphons et débris gallo-romains trouvés dans nos contrées.

MÉDAILLES

APPARTENANT A LA SOCIÉTÉ ARCHÉOLOGIQUE

SCIENTIFIQUE & LITTÉRAIRE

Ces médailles, dont le nombre s'élevait au chiffre de 4160 environ, d'après le dernier inventaire confié aux soins de M. F. Donnadieu par la Société, sont renfermées dans des vitrines numérotées, en voici le dépouillement succinct :

	Or	Argent	Bronze	Total
VITRINE No 1				
Monnaies de la république romaine. — Dites consulaires . . .		180	16	
VITRINES 2 A 8				
Haut et bas empire Romain . . .	11	528	2527	
VITRINE 8				
Monnaies Gauloises et Ibériennes.		70	105	4160

	Or	Argent	Bronze	Total
VITRINE 9				
Modernes diverses. — Sceaux, jetons, médailles commémoratives	25	78	174	
VITRINE IO				
Monnaies Grecques	1	148	56	
Monnaies de France : Baronales, Mérovingiennes, royales et républicaines.	20	215	26	
	57	1219	2884	4160

NOTES

Parmi les monnaies romaines, il en est plusieurs de remarquables et qui ont un intérêt historique. Il serait trop long de signaler les origines ; disons seulement, que le Néron, médaille en or, qui figure à la vitrine 2, a été recueillie à Enserune et que, la médaille en or d'Alexandre-le-Grand qui occupe la vitrine 10, a été trouvée près Béziers, au ruisseau de Bagnols.

La première des vicomtales de Béziers, a été frappée en 1050, il ne reste que deux exemplaires *connus*, de cette médaille.

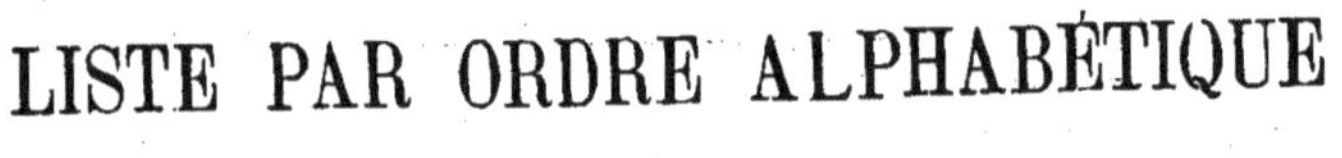

LISTE PAR ORDRE ALPHABÉTIQUE

[illegible]

LISTE PAR ORDRE ALPHABÉTIQUE

DES MAITRES

ANCIENS ET MODERNES ET DE TOUS LES ARTISTES

Dont les Œuvres figurent au Catalogue

Noms	*Pages.*
ADAM Victor	85.
D'ALLEIM	38.
ALMÉS Paulin	42.
ANTONIO	85
APPIAN Adolphe	26.
BADELE Antonio	51.
BASTET Antoine-Victorin	109.
BEAUMES Amédée	30.
BERNIER Camille	37.
BERTIN Jean-Victor.	52.
BESSON Faustin.	17.
BISCAYE Charles	23, 83
BLAIN DE FONTENAY	34.
BOCANEGRA Pierre-Athanase	81.
BON-BOULLONGNE	8

Noms	*Pages*
BOISOT	93.
BONIFAZIO Vinesiano	44.
BOUCHER François	31.
BOURDON Sébastien.	60.
BOUTET Gabriel.	97.
BRECKELINCAMP	9.
BREST Fabius	10.
BRUNEL-NEUVILLE	65.
BURCH Van de] . , ...	34.
CABANEL Alexandre	74.
CALLOT Jacques . , ...	91,
CARDI DA CIGOLI	49.
GARPIONE . . , ...	46.
CARRACHE Annibal	66, 91
CARTERON Eugène . , ...	58.
CAZANOVA François	32.
CASEY Daniel	11.
CHAUVEL Théophile.	99.
CASTIGLIONE Beneditti.	12, 12.
CHAUVIER DE LEON	58.
CLÉMENT (A.)	43.
COLIN Alexandre	4.
COQUAND Paul	41.
COROT Jean-Baptiste	26.
COT Pierre-Auguste	64.
CORDOUAN Vincent-Joseph	90.
COUSTOU	13.
COUTURE Thomas	23.
DAVID D'ANGERS, Pierre-Jean . . .	105.
DARGENT Yan	27.
DAUBIGNY Charles	25.
DECAMPS Gabriel	63.

Noms.	*Pages.*
DELPY Camille	70.
DEMOISELET	31.
DIAZ Narcisse-Virgile	18.
DIEPENBECK , ...	91.
DOÈS	9.
DOMINIQUIN (Le)	1.
DORCY	27.
FALCONNET Etienne-Maurice . . .	93.
FAYET Gabriel	23, 83
FAYET Léon	23, 83
FAURÉ Léon	21.
FLERS Camille	56.
FLEURY, Madame Fanny]	75.
FRACANSANI	15.
FRAGONARD J.-Honoré	82.
FRANCIA	28.
FYT Johannès	8.
GAMBOGI Emile	28.
GAMELIN Jacques	28,82.
GIDE Théophile	36.
GIOTTO	6.
GLAIZE Auguste.	18,30
GLAIZE Pierre-Léon.	58.
GOYEN Van	9.
GOYET Eugène	33.
GUERCHIN (Giovani-Francesco dit le) .	7.
GUIDE (Guido-Reni dit le).	7,61.
GUINDON Marius	42.
HALLÉ Claude	52.
HARDOUIN	88.
HOUDON	80.
HUILLIOT	31.

Noms.	*Pages*
HOECK Jean-Van.	2.
HOUDON	92.
HUBER Jean-Baptiste	90.
HUET Paul	71.
HUGARD Claude	28.
INJALBERT Antonin	100,106, 110
ISABEY Eugène	26.
ISNARD	73.
JACQUE Charles	27.
JORDAENS	42.
JOANNIN	10.
LAGIER Emile	69.
LAFON Jacques-Emile	68.
LABOR Charles	14,24.45,84,99
LALAUZE Adolphe	98.
LABORNE Emile	30.
LAMBRECHTZ Hinrick	29.
LAPRET	106.
LATOUR Joseph	83.
LATOUR (De)	92.
LAURENS Jean-Paul	53.
LAURENS Jean-Baptiste	86.
LEFMAN Ferdinand	85.
LEPIC Ludovic	94.
LEPOITTEVIN Eugène	29.
LEROUX J. M	85.
LUMINAIS Evariste	57.
MAAS Nicolas	9.
MARCHAL Charles	10.
MARILHAT Prosper	70.
MATET Charles-Paulin	68.
MICHEL Ernest	67.

Noms	*Pages*
MICHEL	93.
MIEL Jean	48.
MIGNARD Nicolas	13.
MILLIERS	98.
MIQUEL François	13.
MONZIÈS Louis	98.
MOYA Pedro	71.
MOULIN Hippolyte	109.
NATOIRE Antoine	82.
NATTIER	94.
NORWID	93.
OLIVE Jean-Baptiste	31.
OLIVA Alexandre Joseph	106.
PALIZZI Joseph	37, 87.
PANINI	22.
PARIS BORDONNE	51.
PARROCEL Joseph	61.
PARROCEL Pierre	1.
PAUL	15.
PAUL Louis	59, 110.
PELEZ Ferdinand	59.
PELLET Joseph	41. 66.
PERROT Adolphe	14, 56.
PILLEMENT Jean	34.
PONSON Aimé	40.
PONSON Raphaël	28, 40
POUSSIN Nicolas	19, 20
RAOUX Jean	72.
RÉGIS Augustin	29, 71
RÉGNIER Antony	39, 87.
RÉVOIL Henry	87.

Noms	*Pages*
RÉVOIL P.	87.
RICARD Louis	55.
RIBERA José	54.
RIXENS J. A	76.
ROLL Alfred-Philippe	74.
ROMAIN Jules	27.
ROMANELLI François.	22.
ROCCO Marconi	46.
ROCOURT	99.
ROQUEPLAN Camille.	55.
ROUSSEAU Théodore.	25.
ROUX Georges	62.
SAINT-FRANÇOIS Léon	21.
SAMUEL Frère de la Doctrine chrétienne	81.
SÉBASTIAN	90.
SEVERAC Gilbert de.	73.
SERDA Emile	21, 84,
SICARD Nicolas	43.
SOLIMÈNE François.	43.
STELLA Jacques	8.
SUBLEYRAS Pierre.	55.
SYLVESTRE Joseph.	49, 63
TABAR Léopold	36.
TASSAERT	70.
TIEPOLO Jean-Dominique	45.
TITIEN Titiano-Vecelli dit le]	5.
THUILLIER Pierre	84.
TOCQUÉ Louis	44.
TRAYER Jean-Baptiste	22.
TRINQUIER Antonin	29.
De TROY François	15.
VARIN Pierre	97.

Noms	*Pages*
VALLET Louis	96.
VAN DICK Antoine . , ...	35.
VÉRONÈZE Paul . . . , ...	33.
VEYRASSAT Jules-Jacques , . . . ,	16.
VIEN Joseph-Marie . , . . . , .	16, 54, 82
VIMAR , ...	44.
VOIRIN Jules-Antoine	68.
VOIRIN Léon-Joseph	100.
Walter , , ...	98.

Béziers, Imprimerie Coopérative, X PAGES & Cie.

CATALOGUE DU MUSÉE

DE LA

VILLE DE BÉZIERS

Edition de 1889.

1er SUPPLÉMENT

COCK (CÉSAR de) né à Gand (Belgique)

191. – **Le Ruisseau.**

Sur un tertre très éclairé, au premier plan est assis, au pied d'un arbre, un paysan en blouse qui se livre aux plaisirs de la pêche à la ligne. L'aspect du paysage donne l'impression d'une riante clairière, traversée par un cours d'eau aux tons argentés. — Sur le second plan, à gauche, on aperçoit, à demi caché par des troncs d'arbre, un second pêcheur à la ligne.

Ce tableau est signé : César de Cock et porte la date de 1881

Toile. — *Haut.*, 0m44. — *Larg.*, 0m55

Acheté par la commission en 1890.

Jointe à Y6⁴. 238 8.

TINTORET (Jacques Robusti, dit le), né à Venise, en 1512, mort en 1594.

192. — **Le Miracle de Saint-Marc.**

Un esclave ayant eu l'imprudence de manifester publiquement sa dévotion à St. Marc, fut condamné par le Proconsul, à avoir les yeux arrachés et les membres brisés. Mais le Saint Apôtre intervint lui-même en faveur du martyr et les instruments du supplice se brisèrent dans les mains des bourreaux.

La toile originale, possédée par Venise, est de grande dimension; elle est considérée comme le chef d'œuvre du maître. La réduction qu'à acquise le musée est évidemment du XVIme siècle; elle rend si magistralement le faire et la couleur de l'original qu'elle donne lieu de supposer que c'est l'esquisse d'essai. La figure du Saint en est absente; un copiste ne se serait pas privé volontairement de l'effet qu'elle devait ajouter à la toile, on n'a qu'à examiner d'ailleurs la puissance de l'exécution et le rendu des détails pour que le doute, s'il existe, se change en certitude. Il a appartenu à la collection de M. Lambert.

Acheté par la commission.

Toile. — *Haut.*, 0^{m}76. — *Larg.*, 0^{m}97

JEANNIN (Georges), né à Paris.

193. — **Raisins et Pavots.**

Cette composition est rapidement enlevée, mais la coloration en est d'autant plus éclatante. Cet adroit rapprochement de tons brillants, mais toujours vrais, donne bien la mesure du talent de l'artiste qui s'est placé au premier rang de nos peintres de fleurs, et en effet, ses succès aux salons annuels et plus récemment à l'Exposition universelle de 1889, l'ont mis hors concours.

Acheté par la Commission.

Toile. — ***Haut.*** 0m58. — *Larg.* 0m79.

PANINI (Jean Paul), Né à Plaisance en 1691, mort à Rome en 1764.

194. — **Ruines Romaines.**

Des groupes nombreux et habilement dessinés, animent cette imposante composition. Elle doit être justement classée, ainsi que celle inscrite ci-après, parmi les plus importantes créations de ce Maître, qui eut le double honneur de faire partie de l'Académie de Rome et de celle de Paris.

Il n'a jamais poussé plus loin la sureté, la vigueur de l'effet, la science des lignes architecturales. Elles ont de plus toutes deux le mérite de renseigner parfaitement sur l'état dans lequel se trouvaient les ruines des monuments antiques au siècle dernier dans la ville de Rome.

Don de M. A. CHUCHET.

Toile, — *Haut.* 1m44 — *Larg.* 2m12

MÊME AUTEUR

195. — **Ruines Romaines**

Cette toile, qui reproduit un autre point de vue intéressant, complète les renseignements donnés par le tableau précédent avec lequel il était destiné à faire pendant.

Les deux toiles appartenaient à la galerie d'un Château près Montolieu (Aude), appelé le *Petit Versailles*.

Don de M. A CHUCHET.

Mêmes dimensions qué le N° 194.

BERGHEM (Nicolas, attribué à) né à Harlem en 1624, mort en 1683.

196. — **Paysage soleil couchant.**

Sur le premier plan à gauche, un pont de bois rustique qui vient d'être traversé par un homme monté sur un cheval blanc, prés de lui chemine une femme conduisant des animaux, à droite, un autre personnage assis.

Cette toile a un peu souffert, et notamment de l'abus des vernissages.

Elle a fait longtemps partie du petit nombre de modèles que le pensionnat de Montalieu tenait à la disposition de ses élèves.

Don de M. A. CHUCHET.

Toile. — Haut. 1m 15. — Larg. 0, m 78

PONSON (Raphael) Né à Marseille

197. — **Les Croisettes près Marseille.**

Au premier plan à gauche une flotille de pècheurs se prépare à prendre la mer. — A gauche une muraille de rochers blancs qui émerge comme une barrière entre la rive et les flots

Don de M. A. CHUCHET

Toile. — Haut. 0m 90. — Larg. 1m 80

MÊME AUTEUR

198. — **Le soir au Golfe de Bandol.**

Etude faite avec une consciencieuse exactitude par l'artiste qui va, presque chaque été, habiter ce pays.

Don de M. A. CHUCHET.

Toile. — Haut. 0m, 45, — Larg. 0m,70.

MÊME AUTEUR

199. — **La côte de Carqueranne.**

A ces pins qui couvrent la côte, il est facile de s'apercevoir que nous sommes ici dans le voisinage de Toulon.

Don de M. A. CHUCHET.

Toile. — Haut. 0m70, — Larg. 1m20

PERET (GUSTAVE) Né à Béziers.

200. — **En route pour la ville.**

La caravane rustique est prés d'arriver, car nous reconnaissons le point qu'elle occupe aux portes de Béziers, sur la route poudreuse de Bédarieux.

Cette toile est la plus importante qu'ait produite l'artiste, car notre jeune compatriote, aprés avoir étudié quelque temps avec succès, la peinture dans l'atelier de Couture, a brusquement abandonné les arts au moment même où il commençait à s'y faire une place honorable.

Don de M. A. CHUCHET,

Toile. — Haut. 1m21. — Larg. 0m98.

LABOR (CHARLES)

201. — **La plaine du Rebaud au soleil couchant.**

La vue est prise du haut de la colline sur laquelle est assise la ville de Béziers. — Au premier plan, le cours sinueux de la rivière d'Orb, au loin et à gauche, on distingue dans les brumes du soir le Village de Maraussan.

Don de M. A. CHUCHET.

Toile. — Haut. 0m68. — Larg. 1m16

MÊME AUTEUR

202. — **La ville et les moulins de Béziers, le matin.**

Cette toile parait avoir souffert par suite d'émanations sulfureuses ; elle était destinée à faire pendant avec la précédente ; elle en a les mêmes dimensions.

Toile. — Haut. 0m68, Larg. 1m16

AUTEUR INCONNU

203. — **Portrait de M. Antonin Chuchet.**

M. Chuchet, le donateur des neuf tableaux qui précèdent doit être mieux représenté dans une collection qu'il augmente d'une façon si généreuse. Ce portrait est donc destiné à être remplacé par une œuvre d'une valeur plus certaine.

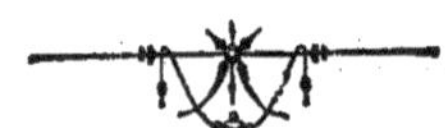

Béziers. — Imp. P. VIALETTE, rue du Quatre-Septembre, 7.

www.ingramcontent.com/pod-product-compliance
Lightning Source LLC
LaVergne TN
LVHW050414160826
845677LV00002BA/378

9782329791036